유학생을 위한

한국 문화 입문

글 ― 최권진 · 남은영 · 박혜란 · 이숙진

(주)박이정

유학생을 위한 한국문화입문

📝 저자소개

❚ 최권진

소피아대학교 언어학 박사
인하대학교 국제학부 KLC학과 교수

❚ 남은영

인하대학교 문화경영학 박사
인하대학교 국제학부 KLC학과 강사

❚ 박혜란

건국대학교 문학 박사
건국대학교 상허교양대학 강의초빙교수

❚ 이숙진

강남대학교 문학 박사
국립국제교육원 한국어능력시험센터 주무관

유학생을 위한 **한국문화입문**

초판 인쇄 2022년 3월 2일
초판 발행 2022년 3월 10일

지은이 최권진 · 남은영 · 박혜란 · 이숙진
펴낸이 박찬익
책임편집 권윤미
펴낸곳 ㈜박이정 **주소** 경기도 하남시 조정대로45 미사센텀비즈 7층 F749호
전화 031)792-1193, 1195 **팩스** 02)928-4683 **홈페이지** www.pjbook.com
이메일 pijbook@naver.com **등록** 2014년 8월 22일 제2020-000029호
제작처 정우P&P

ISBN 979-11-5848-679-2 03710

* 책값은 뒤표지에 있습니다.

    이 책은 중급 수준의 외국인 한국어 학습자가 한국 문화를 이해하고 한국어 실력을 향상시키는 데 도움을 주기 위한 내용을 담고 있습니다.

    외국인 학습자가 의사소통 상황에 적절히 대처하고 한국어를 올바르게 사용하기 위해서는 목표 언어뿐만 아닌 그 사회와 문화를 이해해야 합니다. 언어는 그 사회를 구성하고 있는 사람들에 의해 사용되며, 문화와 함께 발전하고 변화하기 때문입니다.

    따라서 본 교재는 세종대왕, 한옥, 한국 전쟁 등의 문화 내용을 바탕으로 한국의 속담, 관용어 등 언어적 표현을 자연스럽게 익힐 수 있도록 구성하고 있습니다. 문화 내용에는 그동안 한국어교육에서 중점으로 다루어 온 전통 문화는 물론, 학습자들의 요구를 반영하여 한국인의 여가, 신조어 등의 현대 한국사회 내에서 일상적 의사소통 상황이 이루어지는 현대 문화에 대한 내용도 비중 있게 다루고 있습니다.

    또한 한국 문화의 일방적인 전달이 아닌 상호 문화적 관점에서 이해할 수 있도록 다양한 활동을 제시하는 데 중점을 두었습니다. 편견이나 왜곡 없이 양방향적인 문화 교류를 생각하며 학습자의 나라와 한국, 나아가 동료 학습자 나라의 문화에 대해 생각하고 그 생각을 자유롭게 써 보고 이야기해 보면서 나와 다른 문화를 공유할 수 있는 좋은 학습 자료가 될 것입니다.

    이 책으로 쉽고 재미있게 학습하면서 외국인 학습자들이 한국 문화를 한층 더 잘 이해하고 한국어 실력을 높여 한국어를 통해 원하는 목표를 이루어 내는 데 도움이 되길 바랍니다.

저자 일동

목차

1. 여러분의 나라에서는 보통 몇 살부터 학교에 다닙니까?

2. 현재 여러분의 유학 생활은 어떻습니까?

제 I 장

교육

제 I 장 교육

알아보기 1

한국의 교육은 초등학교 6년, 중학교 3년, 고등학교 3년, 대학교 2~6년, 대학원 과정으로 **구성되어 있다**. 보통 일 년을 2개의 학기로 나누어 **운영하는데** 1학기는 3월 초에, 2학기는 8월 말~9월 초에 시작한다. 1학기가 끝나면 여름방학이 있고, 2학기가 끝나면 **이듬해** 3월에 새 학년이 시작될 때까지 겨울방학이 있으며, 초・중・고등학교에서는 1~2주간의 봄방학을 하는 곳도 있다.

한국의 초등학교는 **만** 6세부터 입학하게 되며 기본적인 **교과**는 물론 일상생활에 필요한 기초 능력과 기본 생활 **습관**을 가르친다. 중학교 교육은 초등학교 교육의 **성과**를 바탕으로 국어, 체험 활동으로 동아리 활동, 봉사 활동, **진로** 활동 등도 **진행된다**. 초등과 중등 교육은 **의무** 교육이기 때문에 공립학교의 경우에는 입학금과 수업료가 **면제되고**, 교과서 등이 **무상**으로 **지원된다**.

고등학교 과정은 중학교를 졸업했거나 **검정고시** 등 중학교를 졸업한 사람과 **동등한 학력**이 **인정되는** 시험에 합격한 사람이 다닐 수 있다. 학교 유형은 일반 고등학교, 특수목적 고등학교 등으로 구분되는데 특수목적

알아두기

학교-대학
- 숙제-과제/리포트
- 선생님-교수님
- 교실-강의실
- 개학-개강/종강
- 교과서-교재
- 반장-과대표

눈이 트이다 (관용구)
사물이나 현상을 판단할 줄 알게 되다.

고등학교는 과학, 예체능 등 특정 분야의 전문적인 교육을 목적으로 한다. 고등학교 중 사립고등학교를 제외한 국공립고등학교들은 2021년부터 무상교육이 실시되어 학생들의 학비 부담을 덜어 주고 있다.

🔍 **새 단어**

구성되다 | 운영 | 이듬해 | 만 | 교과 | 습관 | 성과 | 진로 | 진행되다 | 의무 | 면제되다 | 무상
지원되다 | 검정고시 | 동등하다 | 학력 | 인정되다 | 예체능 | 제외하다 | 학비 | 부담 | 덜다

한국의 대학은 4년제 대학, 2~3년제인 전문대학, 교육대학 등으로 나뉜다. 대체로 2년제 전문대학은 직업과 관련된 전문 기술을 배우고, 4년제 대학은 전공 위주의 공부를 한다. 또한 의학, 한의학, 약학 등의 대학은 총 6년의 교육 과정을 거친다. 각 대학은 고등학교의 성적이 적힌 학교생활기록부의 기록, 대학별 시험의 성적 등으로 수시 모집을 하거나 대학수학능력시험의 성적으로 학생을 선발한다. 보통 외국인의 경우는 '재외국민 및 외국인 특별전형'에 지원할 수 있다. 대학의 학부를 졸업한 후에 전문적인 지식과 기술을 더 공부하고 싶으면 대학원에 진학할 수 있다. 대학원은 기초 학문 연구와 교육을 주로 하는 일반대학원과 경영대학원, 통역대학원 등 특수 또는 응용 분야의 연구와 교육을 하는 전문대학원이 있다. 대학원에서는 정해진 학점의 강의를 들어야 하며, 외국어 시험, 전공 지식을 묻는 종합시험 등에 합격하고 논문이 통과되면 졸업할 수 있다.

🔍 새 단어

위주 | 의학 | 한의학 | 약학 | 수시 모집 | 선발하다 | 재외국민 | 지원하다 | 진학하다 | 응용

1. 다음의 어휘에 대한 설명으로 맞는 것을 연결하십시오.

1) 적성 •   • 등급이나 정도가 같다.

2) 이듬해 •   • 어떤 일이 일어난 바로 다음 해.

3) 선발하다 •   • 어떤 일에 알맞은 성질이나 소질.

4) 동등하다 •   • 여러 개나 여러 명 중에서 골라 뽑다.

2. 이 글의 제목으로 가장 알맞은 것을 고르십시오. (   )

① 한국의 교육 과정

② 한국의 시험 유형

③ 한국 학생들의 특징

④ 한국의 과거와 현재의 학교

3. 이 글에서 이야기하지 않은 것을 고르십시오. (   )

① 고등학교의 종류

② 대학교 이후의 교육

③ 초등학교의 수업 시간

④ 중학교의 창의적 체험 활동

4. 한국의 교육을 의무 교육과 비의무 교육으로 나누어 보십시오.

의무 교육	비의무 교육

5. 이 글을 읽고 요약해서 써 보십시오.

초등학교	
중학교	
고등학교	
대학교	
대학원	

1. 아래 어휘의 의미를 조사하고 여러분 나라의 학교에서 사용하는 어휘와 비교하여 이야기해 보십시오.

교복	야간 자율학습	비대면 수업	학교폭력	문과	이과

2. 내가 한국으로 유학 온 과정 및 이유에 대해서 생각하여 써 보십시오.

3. 위에 쓴 내용을 친구들 앞에서 발표해 보십시오.

대학 생활과 예의

대학 생활을 즐겁게 하려면 인간관계에서 예의를 지키는 것이 매우 중요하다. 우선 교수님과의 관계를 위해서는 예의 바른 태도가 기본이다. 먼저 수업 시간에는 수업에 집중해야 한다. 수업 시간에 늦었다면 수업 중에 조용히 강의실로 들어와야 하고 수업이 끝난 후에 교수님께 늦은 이유를 설명하는 것이 좋다. 교수님께 문의가 있어 전화를 하거나 이메일로 연락을 할 때는 학과, 학번, 본인 이름 등을 꼭 밝혀야 한다. 그리고 너무 이른 시간이나 늦은 시간은 피하는 것이 좋다.

> **:: 팀프로젝트 매너**
>
> 1. 조장의 말을 잘 듣자.
> 2. 만나기로 한 약속시간을 잘 지키자.
> 3. 팀프로젝트를 하기 위해 모였으면 과제에 집중하자.
> 4. 다른 조원들과 협력하여 과제를 완성하자.

다음으로 선배들과 좋은 관계를 유지하기 위해서 지켜야 하는 것들이 있다. 첫째, 시간 약속을 잘 지켜야 한다. 선배가 밥을 사 준다는 말을 한다면 이는 친해지는 시간을 갖자는 뜻이다. 따라서 선배와의 약속 날짜, 시간 등을 잊지 말고 잘 지켜야 한다. 그리고 친해지기 전까지는 선배에게 존댓말을 쓰는 것이 좋다. 마지막으로 대학 친구 사이에서도 지켜야 할 예절이 있다. 특히 친구가 학교 근처에서 자취를 하고 있는 경우 친구 집에 방문할 때 예의를 지켜야 한다. 아무리 가까운 사이라고 하더라도 불쑥 찾아가지 않는다. 그리고 친구 방의 청소 상태나 인테리어를 가지고 왈가왈부하지 않는다. 남의 물건을 쓸 때는 주인의 허락을 받고 사용한다. 또한 친구 집에서 밥을 함께 먹었다면 뒷정리를 도와줘야 한다.

1. 다음을 읽고 그 설명이 맞으면 O, 틀리면 X를 하십시오.

1) 친구의 집에 가면 음식을 먹은 후에 함께 정리해야 한다. (　　　　　)

2) 교수님께 연락을 할 때는 먼저 본인이 누구인지 밝혀야 한다. (　　　　　)

3) 선배가 후배에게 밥을 사 준다는 것은 좀 더 서로 알아 가자는 뜻이다. (　　　　　)

4) 수업 시간에 늦었다면 교수님께 늦은 이유를 설명한 후 강의실에 들어간다. (　　　　　)

2. 이 글을 읽고 빈칸에 알맞은 말을 쓰십시오.

> 원활한 대학 생활을 위해서 (　　　　　), (　　　　　),
> 친구들과 (　　　　　)을/를 잘 만들어 가야 한다.

🔎 **새 단어**

예의 | 관계 | 바르다 | 집중하다 | 문의 | 학번 | 불쑥 | 인테리어 | 왈가왈부

대학수학능력시험

'대학수학능력시험(수능)'은 대학 교육에 필요한 능력을 갖추고 있는지를 평가하기 위하여 실시하는 시험이다. 고등학교 졸업 예정자와 졸업자, 검정고시 합격자와 같은 고등학교 졸업과 동등한 학력을 가진 사람이 응시할 수 있다. 시험은 매년 11월 셋째 주 목요일에 하루 동안 시행된다. 시험 과목은 국어, 수학, 영어 등과 제2외국어 영역으로 구분되는데 본인의 선택에 따라 전부 또는 일부 영역에 응시할 수 있다.

> **☺ 재미있는 시험 선물**
>
> 요즘에는 찹쌀떡, 엿 외에도 재미있는 의미가 있는 선물을 주기도 한다.
> - 포크 – (정답을) 잘 찍다
>   잘 고르다
> - 거울 – (시험을) 잘 보다
> - 휴지 – (문제를) 잘 풀다

한국에서 수능은 대학에 가기 위한 관문이 되므로 큰 의미가 있으며 모두의 이목이 집중된다. 따라서 시험 문제를 출제할 때부터 시험일에 시험지가 배부될 때까지 철저히 보안을 유지하며 수험장에서는 부정행위를 막기 위해 모든 전자 기기의 반입을 금지한다. 또한 시험일에는 수험생의 이동 편의를 위하여 대중교통의 운행을 늘리고, 회사원들의 출근 시간을 늦추기도 한다. 그리고 듣기 평가 시간에는 비행기 소음을 방지하기 위해 항공기 운항도 중단한다. 이렇듯 한국에서 수능은 매우 중요한 시험이기 때문에 가족이나 지인들은 시험을 보기 전에 수험생이 시험을 잘 보도록 응원하는 마음을 담아 다양한 선물을 준다.

1. 이 글과 일치하는 것을 고르십시오. (   )

① 한국에서는 1년에 두 번 수능을 볼 수 있다.

② 수능을 보는 장소에 전자 기기를 가지고 가면 안 된다.

③ 수능을 보는 모든 사람이 같은 시험 과목으로 시험을 본다.

④ 소음을 방지하기 위해 수능을 보는 날에는 대중교통이 다니지 않는다.

2. 여러분 나라의 대학입학시험에 대한 글을 200-300자 내외로 써 보십시오.

3. 자신이 작성한 글을 발표해 보십시오.

🔍 **새 단어**

평가하다 | 실시하다 | 시행되다 | 일부 | 관문 | 이목 | 집중되다 | 출제하다 | 배부되다 | 철저히
보안 | 부정행위 | 반입 | 소음 | 운항 | 중단하다 | 마음을 담다

대학 생활 중에 하는 활동은 여러 가지가 있다. 크게 친목 도모를 위해서 하는 일과 자신의 발전을 위해 하는 일로 나누어 볼 수 있다.

친목 도모를 위해서 하는 일로는 OT와 MT, 동아리 활동 등이 있다. OT는 입학식 전에 선배들과의 교류를 통해 학교생활을 미리 체험하는 것이다. 이 과정에서 신입생들은 친구들도 사귀고 대학 생활의 첫걸음을 내딛는다. 개강을 하고 난 후에 학생들은 보통 같은 전공이나 같은 학년의 학생들끼리 친해지기 위해서 MT를 가기도 한다. MT는 학생들이 공부에 대한 스트레스도 풀고 서로 친해지기 위해 학교를 벗어나 함께 시간을 보내는 것이다. 이 외에 학생들은 취미 활동을 함께 하기도 하는데 그것은 '동아리' 활동이다. '동아리'란 같은 취미를 가진 학생들이 모여 함께 취미 활동을 하는 것이다. 학생들은 공강 시간이나 수업이 끝난 후에 동아리 활동을 하며 다른 전공의 친구들도 사귈 수 있다.

대학에서 자신의 발전을 위해 하는 일은 전공 공부와 봉사 활동, 인턴십(internship), 공모전 참여 등이 있다. 대학 생활에서 제일 중요한 것은 공부이다. 대학교의 공부는 다른 사람이 시켜서 강제로 하는 것이 아니다. 따라서 자신의 계획대로 강의 시간을 정하고 자신이 스스로 책임감을 가지고 해야 한다. 학점은 졸업 후에 취직과 관계가 있으므로 매우 중요하다. 그리고 또 중요한 것은 봉사 활동이다. 봉사 활동이라고 해서 거창한 것은 아니다. 자신이 잘하는 것을 다른 사람들에게 가르쳐 주는 것도 봉사 활동이다. 예를 들어 유학생들이 한국의 아이들에게 무료로 외국어를 가르쳐 주는 것도 봉사 활동이라고 할 수 있다. 봉사 활동은 어려운 사람들을 도우면서 세상을 좀 더 넓은 시각으로 볼 수 있다는 점에서 자기 자신을 내적으로 성장시킬 수 있는 기회가 된다.

또한 인턴십과 공모전 참여도 중요하다. 인턴십은 예비 회사원이 되어 미리 회사 생활을 경험해 보는 것이다. 사회초년생들은 모든 회사 업무에 미숙하기 때문에 인턴십을 했느냐 안 했느냐가 회사 생활에 큰 영향을 미친다. 따라서 회사에서는 보통 신입사원을 뽑을 때 인턴십을 한 사람들을 선호하기도 한다. 공모전 참여는 학생들이 자신의 전공과 관련된 대회에 나가서 우열을 가리는 것이다. 이것은 학생들에게 발전을 위한 자극이 될 수 있고 자신의 스펙이 되기도 한다.

친목 도모를 위한 활동과 자기 성장을 위한 활동을 적절히 병행하면 성공적인 대학 생활을 할 수 있다. 따라서 대학생이 되면 동아리 활동, MT 등을 통해 선후배, 친구들과 친목 도모를 위한 기회를 많이 가지도록 해야 한다. 또한 대학 생활에서는 학업이 제일 중요하므로 1학년 때부터 스스로 공부 계획을 세우고 학점 관리를 하며 앞으로의 진로에 대한 준비를 해 나가야 한다.

🔍 **새 단어**

발전 | 친목 도모 | 교류 | 체험 | 첫걸음 | 내딛다 | 끼리 | 공강 | 봉사 활동 | 인턴십 | 공모전
강제 | 스스로 | 책임감 | 거창하다 | 시각 | 예비 | 사회초년생 | 미숙하다 | 선호하다 | 우열을 가리다
자극 | 병행하다

1. 다음의 어휘에 대한 설명으로 맞는 것을 연결하십시오.

1) 교류　　　　　•　　　　　•　물어서 의논함.

2) 자극　　　　　•　　　　　•　문화나 서로의 생각을 주고받음.

3) 의무적　　　　•　　　　　•　마음에 상관없이 꼭 해야 하는 것.

4) 문의　　　　　•　　　　　•　어떠한 작용을 줘서 반응이 일어나게 함.

2. 이 글의 제목으로 가장 알맞은 것을 고르십시오. (　　　　　　)

① 취업이 잘 되는 전공

② 동아리에 가입하는 방법

③ 대학에서 친구 사귀는 법

④ 한국의 여러 가지 대학 생활

3. 이 글에서 이야기하지 않은 것을 고르십시오. (　　　　　　)

① OT 시기

② MT 멤버

③ 봉사 활동의 예

④ 동아리 가입 방법

4. 다음을 읽고 그 설명이 맞으면 O, 틀리면 X를 하십시오.

1) MT는 대학 입학 후 가장 먼저 하는 행사이다. (　　　　　)

2) 한국에서 대학의 교육 방식은 고등학교와 다르다. (　　　　　)

3) 인턴십을 반드시 참여해야 회사에 취직할 수 있다. (　　　　　)

4) 한국의 대학에서는 학생들 스스로 시간표를 만들어야 한다. (　　　　　)

5. 이 글을 읽고 요약해서 써 보십시오.

1문단	
2문단	
3문단	
4문단	

심화 학습

1. 아래 어휘의 의미를 조사하고 여러분이 한국에서 가장 하고 싶은 활동에 대하여 이야기해 보십시오.

과탑   농활   공모전

2. 여러분 나라의 대학 생활과 한국에서 하는 대학 생활의 공통점과 차이점을 이야기해 보십시오.

공통점	차이점
•	•
•	•
•	•

3. 위의 내용을 바탕으로 발표를 해 보십시오.

나의 동아리 활동

나는 운동을 좋아한다. 그런데 한국에 유학을 온 후에 운동을 할 시간이 **별로 없어서 아쉬웠다.** 그래서 대학교에 입학하고 몇 주 지났을 때 학교 **캠퍼스**에서 학교 동아리 **회원을** 모집한다는 **광고문**을 보고 태권도 동아리에 **가입했다.** 태권도 동아리에서는 매일 오후에 체육관에 모여 모두 함께 운동을 했다. 처음에는 잘 모르는 사람들과 운동을 하니까 조금 **어색했었는데** 선배들이 잘 **챙겨 줘서 금방** 친해질 수 있었다. 운동이 끝난 후에는 동아리 사람들과 함께 저녁을 먹기도 하고 술을 마시기도 했다. 동아리에 가입하기 전에는 주말에 혼자 시간을 보내는 때가 많았는

> **알아두기**
>
> **동아리 가입 방법**
> 매년 1학기 개강을 한 후 동아리 연합회에서 동아리 멤버를 뽑는다. 그 기간에 여러 동아리를 구경하고 마음에 드는 동아리에 가입 신청을 하면 된다. 가끔 인기가 많은 동아리는 가입하려는 사람이 너무 많다 보니 가입할 수 없는 경우도 있다.

데 동아리에 가입한 후에는 친구들과 함께 영화를 보거나 커피를 마시면서 시간을 보냈다. 지난 학기에는 열심히 훈련을 해서 태권도 **대회**에도 **참가했다.** 나는 태권도를 배운 지 얼마 안 되었기 때문에 **예선**에서 떨어졌지만 **상**을 받은 친구도 있었다. 만약 내가 동아리에 가입하지 않았다면 한국에서의 대학 생활이 많이 **심심하지** 않았을까 싶다. 동아리 덕분에 한국 생활이 아주 재미있다. 다음 학기의 동아리 활동도 기대된다.

1. 이 글과 일치하는 것을 고르십시오. (   )

① 나는 태권도 대회에 참여해서 상을 받았다.
② 동아리 가입 전후의 생활이 많이 달라졌다.
③ 한국에 온 후에 다양한 운동을 할 수 있었다.
④ 동아리 사람들을 처음 만났을 때 전혀 어색하지 않았다.

2. 이 글을 읽고 빈칸에 알맞은 말을 쓰십시오.

> (   )았/었/였던 나의 한국 생활이 동아리에
> (   )(으)ㄴ 후에 아주 재미있어졌다.

🔍 **새 단어**

별로 없다 ㅣ 아쉽다 ㅣ 캠퍼스 ㅣ 회원 ㅣ 모집 ㅣ 광고문 ㅣ 가입하다 ㅣ 어색하다 ㅣ 챙기다 ㅣ 금방 ㅣ 대회
참가하다 ㅣ 예선 ㅣ 상 ㅣ 심심하다

김인하 선배님께,

선배님, 안녕하세요?

저는 4학년에 다니고 있는 왕준입니다.

선배님께 여쭤볼 것이 있어서 메일을 드립니다.

저는 전공 공부가 너무 재미있어서 졸업 후에 대학원에 입학을 하기로 했습니다. 그런데 제가 외국 사람이라서 대학원에 대한 정보를 얻기가 힘듭니다. 그래서 몇 가지 여쭤보고 싶습니다. 우선, 대학원에 입학을 하려면 스펙이 좋아야 한다고 들었습니다. 대학원에 입학을 할 때 필요한 스펙은 무엇입니까? 저는 지금 토픽 5급 합격증만 가지고 있는데요. 혹시 다른 외국어 성적도 필요한가요? 그리고 저는 대학원 학비가 조금 부담스러워서 장학금을 꼭 받고 싶습니다. 장학금에 대해 알고 싶으면 어디에 알아봐야 하나요?

제가 부족한 점이 많습니다. 선배님께서 도와주시면 감사하겠습니다.

그럼 답장 기다리겠습니다. 감사합니다.

4학년 왕준 드림

알아두기

편지 형식법

편지를 쓸 때 받는 사람에게 '-께, -에게'를 사용한다. 그리고 윗사람에게 편지를 쓸 때 편지의 마지막에 자신의 이름을 쓰고 '올림, 드림'이라고 쓴다. 윗사람이 아랫사람에게 편지를 쓸 경우에는 '씀' 또는 '(이)가'라고 쓴다.

왕준에게,

잘 지내지? 그러고 보니 대학교를 졸업한 후에 한 번도 못 봤네. 대학원에 입학하려고 한다는 소식을 들으니 정말 기쁘다. 대학원에서 다시 만날 수 있겠네.

외국인이 대학원에 입학을 하려면 토픽 6급을 통과해야 해. 그리고 다른 외국어 시험 자격증은 졸업할 때 필요할 것 같아. 그러니까 지금 당장 외국어 시험 합격증은 필요 없어.

장학금은 교내 장학금하고 교외 장학금이 있는데 교내 장학금은 교수님께 여쭤보면 자세하게 알려 주실 거야. 그리고 교외 장학금은 '한국장학재단' 사이트에 들어가면 나와 있어. 매년 5월에 장학생을 뽑으니까 미리 준비해 둬.

그럼 준비 잘하고 혹시 더 궁금한 것이 있으면 언제든지 다시 연락 줘.

인하 씀

1. 다음을 읽고 그 설명이 맞으면 O, 틀리면 X를 하십시오.

1) 대학 졸업 후 취직 상담을 하고 있다. (　　　　)

2) 학비가 부담스러워서 아르바이트를 구하고 있다. (　　　　)

3) 대학원 입학에 관련해서 질문하기 위해 이메일을 썼다. (　　　　)

4) 오랫동안 못 만난 선배의 안부를 묻기 위해 연락을 했다. (　　　　)

2. 여러분이 왕준이 되어 교수님께 교내 장학금에 대해 여쭤보는 이메일을 쓰십시오.

🔍 **새 단어**

여쭤보다 ㅣ 얻다 ㅣ 학비 ㅣ 부담스럽다 ㅣ 장학금 ㅣ 부족하다 ㅣ 당장 ㅣ 교내 ㅣ 교외 ㅣ 사이트 ㅣ 매년
뽑다 ㅣ 미리

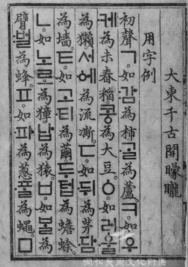

1. 한국어는 어떤 특징이 있습니까?

2. 한국에서는 사람들과 만날 때 어떻게 인사합니까?

제 II 장

언어

제II장 언어

한국어와 한글은 개념이 다르다. 한국어는 한국인이 사용하는 언어이고 한글은 한국어를 표기하는 문자이다. 한글은 1443년 세종대왕이 만들었으며 처음 만들었을 때는 '훈민정음'으로 불렸다. 훈민정음 이전에는 중국 문자인 한자를 사용하여 글을 썼기 때문에 백성들이 글을 읽기 힘들었다. 복잡한 한문을 읽고 쓰는 것은 이들에게 매우 어려웠기 때문이다.

> **알아두기**
>
> **이두**
> 한자를 한국어의 어순으로 바꾸고 풀어쓴 형태로 이 방식도 어느 정도의 한문을 알아야 하기에 많은 사람들이 이두의 방식으로 글을 쓰기에는 어려움이 많았다.

한글은 자음 14개와 모음 10개로 언어를 표기한다는 점에서 과학적인 문자라는 평가를 받는다. 자음은 사람의 발음 기관을 보고 만들었고, 모음은 하늘(·), 땅(ㅡ), 사람(ㅣ)을 보고 만들었다.

한국어의 특징은 다음과 같다.

첫째, 한국어는 명사에 조사를 붙이거나 동사나 형용사에 선어말 어미를 여러 개 붙여서 문법을 표시하는 교착어이다. 예를 들어 '잡다'라는 동사에 '잡아요', '잡았어요', '잡으셨어요' 등의 뜻이 있는 어미를 붙여서 의미를 다르게 만들 수 있다.

둘째, 한국어는 터키어, 몽골어, 일본어 등과 함께 SOV형에 속한다. 이 유형은 비교적 어순이 자유롭고 평서문과 의문문의 어순이 동일하다는 특징이 있다.

🔍 **새 단어**

개념 | 표기하다 | 문자 | 한자 | 백성 | 과학적 | 평가 | 발음 기관 | 선어말 어미 | 교착어 | 터키어
몽골어 | 일본어 | 평서문 | 의문문 | 어순 | 동일하다

예를 들어, 평서문인 '철수는 밥을 먹어요.'와 의문문인 '철수는 밥을 먹어요?'는 어순은 같고 억양만 다르다.

철수는	밥을	먹어요
주어	목적어	서술어

셋째, 한국어는 필수 성분의 생략이 가능하다. 주어, 목적어, 보어, 서술어 등이 대화에서 추측이 가능하면 생략할 수 있다. 예를 들어, '뭐 먹을래?'라고 물어봤을 때 '라면'이라고 간단하게 답해도 서로 이해할 수 있다.

넷째, 한국어는 높임법이 매우 발달하였다. 대화 상대자에 따라 높임말과 반말을 사용할 수 있는데 높임말은 '께서'와 '-(으)시-', 높임말 어휘 등이 있다. '사장님께서 어머님을 모시고 오시겠어요?'와 같은 문장은 한 문장 안에서 이런 높임법이 모두 있는 문장이다.

이외에도 한국어는 의성어 및 의태어가 매우 발달한 언어이다. '구불구불', '데굴데굴' 등의 감각어가 매우 발달해 있다.

🔍 **새 단어**

필수 성분 ∣ 생략 ∣ 반말 ∣ 의성어 ∣ 의태어 ∣ 감각어

1. 다음의 어휘에 대한 설명으로 맞는 것을 연결하십시오.

1) 과학적 •   • 소리를 흉내 낸 단어.

2) 의성어 •   • 문자로 언어를 표시하다.

3) 표기하다 •   • 어떤 것과 비교하여 똑같다.

4) 동일하다 •   • 정확성이나 타당성이 있는 것.

2. 이 글의 제목으로 가장 알맞은 것을 고르십시오. (   )

① 한국어의 창제 과정

② 한국어와 표기 방법

③ 한국어의 역사와 특징

④ 한자어와 한국어의 차이점

3. 이 글에서 이야기하지 않은 것을 고르십시오. (   )

① 한국어는 높임법이 발달한 언어이다.

② 모음은 사람의 입과 목 등을 보고 만들었다.

③ 한글이 만들어지기 전에는 한문으로 글을 썼다.

④ 한국어는 터키어, 몽골어 등과 같이 어순이 자유롭다.

4. 다음을 읽고 그 설명이 맞으면 O, 틀리면 X를 하십시오.

1) 한국어는 교착어의 특성을 보인다. (   )

2) 한국어와 한글은 같은 의미의 단어이다. (   )

3) 한국어는 어순이 달라지면 의미가 다르다. (   )

4) 한국어는 주어나 서술어를 생략하면 안 된다. (   )

5. 이 글을 읽고 요약해서 써 보십시오.

1문단	
2문단	
3문단	
4문단	

심화 학습

1. 친구들과 한국어의 특징, 한국어를 배우면서 어려웠던 점 등을 자유롭게 이야기해 보십시오.

2. 한국어의 높임법에 대해서 자세히 조사해 보십시오.

○ 상대 높임법
   듣는 사람을 높이는 방법이다. 존댓말을 사용하는 방법으로 표현함
○ 주체 높임법
   문장의 주어를 높이는 방법이다. 동사나 형용사에 '-(으)시-'를 붙이는 방법으로 표현함
○ 객체 높임법
   한 문장의 주어의 행위가 미치는 대상을 높이며, '뵙다', '드리다', '여쭈다' 등의 어휘로 자신을 낮추는 방법으로 표현함

1) 주체 높임법   ●   ●   제가 지금 바로 가겠습니다.

2) 상대 높임법   ●   ●   선생님께서 통화하십니다.

3) 객체 높임법   ●   ●   아버지께 선물을 드려요.

3. 여러분의 조사한 높임법에 대해서 정리해 보십시오.

훈민정음 해례 상주본의 진짜 주인은 누구?

훈민정음은 글자 이름이면서 또한 책의 이름이기도 하다. 훈민정음은 '예의'와 '해례' 두 권의 책으로 구성되었다. '예의'는 세종이 직접 지은 책으로 한글을 만든 이유와 한글의 사용법을 간략하게 설명하였다. '해례'는 한글의 자음과 모음을 만든 원리와 그 용례를 상세하게 설명한 책이다. 해례본이 있다고 전해졌으나 1940년까지 발견하지 못하였다. 그러다가 1940년 간송 전형필이 훈민정음 해례본을 찾게 되었고 한국 전쟁을 겪으면서도 이 책을 잘 보존하였다.

그러던 2008년 경북 상주에서 간송이 보관하고 있는 것과 동일한 판본으로 추정되는 또 한 권의 해례본이 발견되었다. 배 모 씨가 공개한 것으로 보존 상태도 좋고 16세기에 새롭게 더해진 주석이 써 있어 학술적 가치가 더욱 높다. 그러나 현재 책의 소유자인 배 모 씨가 보상금을 요구하며 책을 공개하지 않아 연구가 정확히 이루어지지 못하고 있다. 이 상주본은 소유하고 있는 개인이 주인이라고 해야 할지, 역사적 가치를 가진 유물이므로 국가와 민족 전체가 주인이라고 해야 할지 그 논란이 계속되고 있다.

> **알아두기**
>
> **상주본**
> 훈민정음 해례본이 세상에 한 권만 남았다고 알려져 있던 2008년 상주에 사는 배 모 씨가 집수리를 위해 짐을 정리하다가 발견하였다면서 방송국에 제보하였다. 이때부터 발견지의 이름을 따서 상주본이라고 부르고 있다.

1. 이 글과 일치하는 것을 고르십시오. (   )

① 해례본은 세계에 단 한 권만 존재한다.
② 훈민정음은 총 2권의 책으로 구성되어 있다.
③ 간송이 찾은 해례본은 한국 전쟁 때 없어졌다.
④ 상주에서 발견된 해례본은 보존 상태가 좋지 못하다.

2. 이 글을 읽고 빈칸에 알맞은 말을 쓰십시오.

2008년 상주에서 해례본으로 (   )(으)ㄴ/는 책을 (   )았/었/였지만 소유자가 책 공개를 (   ).

🔍 **새 단어**

간략하다 ｜ 원리 ｜ 용례 ｜ 상세하다 ｜ 발견하다 ｜ 겪다 ｜ 보존하다 ｜ 보관하다 ｜ 판본 ｜ 추정되다
공개하다 ｜ 주석 ｜ 학술적 ｜ 소유자 ｜ 보상금 ｜ 요구하다 ｜ 소유하다 ｜ 가치 ｜ 유물 ｜ 논란

사라져 가는 언어들

지구상에는 6,000여 개가 넘는 언어들이 존재한다. 그러나 이런 수많은 언어 중에서 앞으로 절반 이상은 사라질 것이라고 한다. 언어가 사라지는 가장 큰 원인은 바로 세계화이다. 세계화로 인해 사람들이 선진국의 언어를 선호하거나 국가의 정책으로 사용 언어가 교체되면서 본래 사용하던 고유 언어가 사라지게 되는 것이다. 하나의 언어가 사라진다는 것은 단순히 그 언어가 사라지는 것만이 아니다.

알아두기

세계화(世界化)
세계 여러 나라가 정치, 경제, 사회, 문화, 과학 등 다양한 분야에서 서로 많은 영향을 주고받으면서 교류가 많아지는 현상.

언어를 바탕으로 만들어진 하나의 문화가 전부 사라지는 것과 같다. 이렇게 사라져 가는 언어 중에서 일본의 '아이누어'도 있다. 현재 약 300여 명만이 이 말을 할 수 있다고 한다. 또한 사라질 수 있는 위기의 언어 중에 한국의 '제주어'도 포함되어 있다. 2010년에 유네스코는 '제주어'를 소멸 위기의 언어로 지정하였다.

우리 사회는 빠른 속도로 변화하고 있다. 과학과 기술의 발달로 영어와 같은 언어는 계속해서 확장될 것이고 특정 언어는 사라지고 말 것이다. 언어의 다양성을 존중하고 문화적 풍부성을 위해서라도 사라져가는 언어에 대한 관심이 필요할 때이다.

1. 다음을 읽고 그 설명이 맞으면 O, 틀리면 X를 하십시오.

1) 한국의 '제주어'는 점차 사라져 가고 있다. (   )

2) 세상에는 6,000여 개의 언어가 존재한다. (   )

3) 현재 '아이누어'를 할 수 있는 사람이 없다. (   )

4) 언어가 사라지는 이유는 전통 문화의 보존 때문이다. (   )

2. 세계의 언어 중에서 사라지면 안 되는 언어(지역어)에 대해서 200-300자 내외로 글을 써 보십시오.

3. 자신이 작성한 글을 발표해 보십시오.

🔍 **새 단어**

존재하다 | 절반 | 사라지다 | 세계화 | 선진국 | 교체되다 | 본래 | 고유 | 바탕 | 전부 | 위기
포함되다 | 지정하다 | 확장되다 | 존중하다 | 풍부성

사람들이 만날 때 가장 먼저 하는 것이 바로 '인사'이다. 대부분의 사람들은 사람과 사람 사이의 만남에 있어 반가움이나 존경, 친근감의 표시로 인사를 한다.

그런데 외국 사람들이 한국에 와서 어색하게 생각하는 것 중의 하나가 바로 한국 사람들이 인사를 하며 하는 행동이다. 대부분 외국에서는 윗사람이나 아랫사람의 관계에 상관없이 손을 흔들거나 포옹을 하고 악수를 한다. 또한 특별한 행동 없이 말로 인사를 하는 경우도 많다. 그런데 한국에서는 윗사람을 만났을 때 꼭 고개를 숙여 인사를 한다. 말을 하지 않더라도 윗사람을 만나면 인사의 의미로 고개를 숙여야 한다. 그래서 한국에 처음 온 외국 사람들이 인사를 할 때 어색해 하는 경우가 있다.

두 번째로 어색해하는 것은 바로 만났을 때의 독특한 인사말이다. 한국 사람들의 인사말은 보통 '안녕하세요?', '잘 지냈어요?', '반가워요.' 등이 있다. 그런데 사실 한국 사람들이 많이 쓰는 인사말은 '밥 먹었어?', '어디 가?' 등이다. '밥 먹었어?'를 인사말로 쓰는 이유는 음식이 풍부하지 않았던 예전의 사람들이 가장 걱정했던 것이 바로 '끼니'였기 때문이

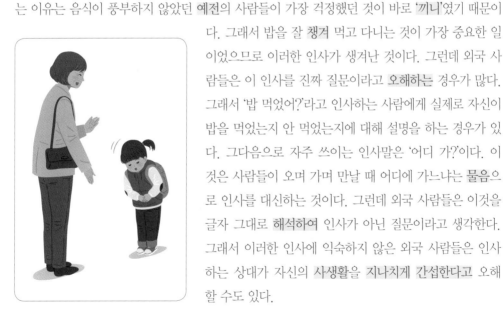

다. 그래서 밥을 잘 챙겨 먹고 다니는 것이 가장 중요한 일이었으므로 이러한 인사가 생겨난 것이다. 그런데 외국 사람들은 이 인사를 진짜 질문이라고 오해하는 경우가 많다. 그래서 '밥 먹었어?'라고 인사하는 사람에게 실제로 자신이 밥을 먹었는지 안 먹었는지에 대해 설명을 하는 경우가 있다. 그다음으로 자주 쓰이는 인사말은 '어디 가?'이다. 이것은 사람들이 오며 가며 만날 때 어디에 가느냐는 물음으로 인사를 대신하는 것이다. 그런데 외국 사람들은 이것을 글자 그대로 해석하여 인사가 아닌 질문이라고 생각한다. 그래서 이러한 인사에 익숙하지 않은 외국 사람들은 인사하는 상대가 자신의 사생활을 지나치게 간섭한다고 오해할 수도 있다.

알아두기

인사의 유래

"밥 먹었어?"
예전에 보릿고개 시절 끼니를 때우기 힘들었기 때문에 밥을 먹었느냐고 묻는 것이 인사가 되었다.

"어디 가?"
조선 시대 때 '오가작통법'이라는 것이 있었다. '오가작통법'은 백성들이 세금을 피해 다른 곳으로 도망가는 것을 막기 위해 만들어진 것이다. 다섯 집을 한데 묶어서 서로 감시하게 하고 만약 한 집이 도망가면 남은 네 집이 같이 벌을 받았다. 따라서 서로 감시하던 시절의 인사가 남은 것이다.

🔍 **새 단어**

존경 | 친근감 | 어색하다 | 상관없다 | 흔들다 | 포옹 | 행동 | 고개를 숙이다 | 어색하다 | 예전
끼니 | 챙기다 | 오해하다 | 물음 | 해석하다 | 사생활 | 지나치다 | 간섭하다

세 번째로 어색해 하는 것은 헤어질 때의 독특한 인사말이다. 한국 사람들은 보통 '잘 가.', '안녕히 가세요.'를 쓰기도 하지만 '들어가세요.', '들어가.' 라는 표현을 쓰기도 한다. 외국 사람들이 듣기에는 갑자기 어디에 들어가라는 말인지, 이상하게 들릴 수 있다. 그런데 헤어질 때 하는 '들어가.'라는 인사는 지금 어디에 들어가라는 것이 아니라, '집에 잘 들어가세요.'라는 의미를 담고 있는 것이다.

▶ 알아두기 ◀

한잔하다

한국 사람들은 '한잔하자.' 라는 말을 사용한다. 이 말은 '시간이 있을 때 같이 술을 마시자.'라는 뜻이다. 그런데 외국 사람들은 이것을 one glass의 의미로 생각해서 '술을 한잔만 마시자'로 이해하는 경우가 있다.

각 나라의 언어가 다르듯 이렇게 인사하는 방법도 나라마다 다르다. 그렇기 때문에 자신의 나라와 다르다고 이상하게 생각해서는 안 된다. 인사에는 그 나라의 문화도 함께 녹아 있기 때문이다. 문화가 담겨 있는 한국의 독특한 인사 방법을 배웠으니, 한국 사람들을 만났을 때는 그 의미를 생각하며 한국식으로 인사를 해 보면 어떨까?

🔍 **새 단어**

독특하다 ∣ 녹아 있다

1. 다음의 어휘에 대한 설명으로 맞는 것을 연결하십시오.

1) 예전   ●   ●   꽤 오래 지난 옛날.

2) 끼니   ●   ●   남의 일에 참견하다.

3) 간섭하다 ●   ●   내용을 이해하고 설명하다.

4) 해석하다 ●   ●   매일 일정한 시간에 식사로 음식을 먹음.
                                         또는 그런 음식.

2. 이 글의 제목으로 가장 알맞은 것을 고르십시오. (   )

① 한국의 인사 방법

② 세계 여러 나라의 인사법

③ 한국인들이 자주 하는 질문

④ 외국인들이 자주 하는 오해

3. 이 글에서 이야기하지 않은 것을 고르십시오. (   )

① 헤어질 때 하는 말

② 만났을 때 하는 말

③ 인사할 때 하는 행동

④ 헤어질 때 하는 행동

4. 다음을 읽고 그 설명이 맞으면 O, 틀리면 X를 하십시오.

1) 다른 나라의 인사 문화를 존중해야 한다. (   )

2) 만났을 때 인사를 하지 않는 나라들도 있다. (   )

3) 한국 사람들은 사생활에 관한 질문을 많이 한다. (   )

4) 식사와 관련된 인사는 옛날의 생활 때문에 생겨난 인사이다. (   )

5. 이 글을 읽고 요약해서 써 보십시오.

1문단	
2문단	
3문단	

심화 학습

1. 아래 인사말의 의미를 조사하고 언제 사용하는지 이야기해 보십시오.

| 연락할게 | 밥 한번 먹자 | 술 한잔하자 | 어디 가? |

2. 세계 여러 나라의 특별한 인사법과 인사말에 대해 친구들과 이야기해 보십시오.

나라	인사법	인사말

3. 위의 내용을 바탕으로 발표를 해 보십시오.

줄임말

'혼코노(혼자 coin(동전) 노래방), 스라밸(공부와 삶의 균형, study and life balance), 답정너(답은 정해져 있고 너는 대답만 해)', 이러한 말들은 유행어이자 줄임말이다. 이러한 줄임말은 10~20대 젊은 층에서 많이 사용되고 있고, 우리 생활 깊숙이 유행처럼 번져 있다. 따라서 요즘 젊은 사람들과 대화를 할 때는 줄임말을 모르면 대화에 참여하지 못하는 경우가 많다.

그런데 사실 이러한 줄임말이 어느 날 갑자기 생겨난 것은 아니다. 예전에도 '인하대학교'를 '인하대', '주엽초등학교'를 '주엽초'라고 줄여서 부르기도 하였다. 그런데 이러한 줄임말이 최근 들어 더 폭넓게 사용되고 있는 것이다.

이러한 줄임말의 유행이 새로운 언어 유행을 만들어 간다는 긍정적 의견과 '한글 파괴'가 아니냐는 부정적 의견이 분분하다. 젊은 사람들은 SNS 상에서 간단하게 의미를 전달해 주는 줄임말이 경제적이라고 말한다. 하지만 언어 전문가들은 무분별한 줄임말의 사용으로 인해 젊은 사람들과 나이 든 사람들 간의 의사소통이 어려워지면서 자칫하면 세대 차이가 나타날 수 있다고 지적한다.

> **알아두기**
>
> **신조어**
> 시대의 변화에 따라 새로운 것을 표현하기 위해 새롭게 만들어진 말이다.
> 요즘 사용되는 신조어는 줄임말로 만들어진 것이 많다.
>
> 예) • **슬세권** : 슬리퍼로 생활이 가능한 세력권
> • **핑프** : 핑거프린스
> • **갑통알** : 갑자기 통장을 보니 알바를 해야 할 것 같은
> • **반모** : 반말 모드
> • **존모** : 존댓말 모드

1. 이 글과 일치하는 것을 고르십시오. (   )

① 사람들은 최근에 줄임말을 사용하기 시작하였다.

② 줄임말을 모르면 젊은 사람들의 대화에 참여하기가 힘들다.

③ 줄임말의 사용이 많아지면서 세대 차이가 줄어드는 효과가 있다.

④ 줄임말은 한글을 바르고 정확하게 사용한다는 긍정적인 효과가 있다.

2. 이 글을 읽고 빈칸에 알맞은 말을 쓰십시오.

(   )의 사용으로 인해 나이 든 세대와 젊은 세대 간의 (   )이/가 심각해지고 있다.

🔎 **새 단어**

유행어 | 층 | 참여하다 | 폭넓다 | 새롭다 | 파괴 | 분분하다 | 상 | 간단하다 | 경제적 | 무분별하다
의사소통 | 자칫 | 세대 차이 | 지적하다

이모티콘

이모티콘(Emoticon)을 한국어로 하면 '그림문자'이다. 이모티콘은 '감정'을 의미하는 영어 'emotion'과 성스러운 그림이라는 'icon'이 합쳐서 만들어진 말로 감정을 표시하는 기호를 말한다. 이러한 이모티콘은 인터넷이 발달하면서부터 활발하게 사용되기 시작했다. 사람들이 만날 수 없을 때 표현하기 힘든 감정을 편리하게 전달할 수 있기 때문이다.

> **알아두기**
>
> 희로애락(喜怒哀樂)
> 기쁨과 노여움, 슬픔과 즐거움.

한국 사람들이 자주 사용했던 초기의 이모티콘은 '^^, ㅡ_ㅡ' 였다. ^^는 웃는 표시를 나타내고 ㅡ_ㅡ는 '황당하다, 할 말이 없다'는 등의 의미를 나타낸다. 이모티콘이 더 다양하게 사용되기 시작한 것은 2000년대 이후였다. 이제는 SNS가 일상이 되면서 이제 이모티콘은 필수 아이템으로 자리잡았다. 긴 문장 대신 이모티콘만으로도 희노애락을 표현할 수 있게 되었다. 최근에는 사람들이 직접 이모티콘을 개발하여 수입을 얻기도 한다. 그래서 이모티콘 작가를 직업으로 삼고 싶어하는 사람들도 늘고 있다. 이러한 이모티콘은 사람들의 SNS 생활에서 이모티콘 하나로 나의 감정과 마음을 표현하는 데 큰 역할을 하고 있으나 언어를 파괴한다는 단점도 있다.

1. 다음을 읽고 그 설명이 맞으면 O, 틀리면 X를 하십시오.

1) 이모티콘은 문자의 조합으로만 이루어져 있다. (　　　　)

2) 이모티콘을 너무 많이 사용하게 되면 언어가 파괴된다. (　　　　)

3) 이모티콘은 사람들의 감정을 그림으로 나타내는 것이다. (　　　　)

4) 이모티콘은 핸드폰을 사용하면서부터 발달하기 시작하였다. (　　　　)

2. 내가 자주 사용하는 이모티콘을 소개하고 즐겨 사용하는 이유와 SNS 상에서 이모티콘의 사용 시 어떤 장점과 단점이 있을지 써 보십시오.

3. 자신이 작성한 글을 발표해 보십시오.

🔍 **새 단어**

감정 ｜ 성스럽다 ｜ 표시하다 ｜ 기호 ｜ 발달하다 ｜ 표현하다 ｜ 편리하다 ｜ 전달하다 ｜ 황당하다 ｜ 파괴하다
단점

1. 한국의 대표적인 명절은 무엇입니까?
2. 여러분 나라의 명절에는 어떤 전통 행사를 합니까?

제Ⅲ장

전통

제Ⅲ장 전통

📖 알아 보기 1

한국의 대표적인 명절은 설날과 추석이다. 설날은 음력 1월 1일로 새로운 해가 시작되는 날이다. 1년의 날짜를 계산할 때는 지구가 태양의 둘레를 한 바퀴 도는 데 걸리는 시간을 기준으로 하는 양력과 달의 크기가 변하는 것을 기준으로 하는 음력이 있다. 그래서 한국에서는 양력 1월 1일인 양력설과 음력 1월 1일인 음력설이 있다. 설날 아침에는 차례를 지내고 '새해 복 많이 받으세요.'라고 새해 인사를 하며 어른들께 세배를 드린다. 세배를 받은 어른들은 아랫사람들에게 덕담을 하며 아이들에게는 세뱃돈을 준다. 성인이

된 자녀들은 반대로 부모님께 용돈을 드리기도 한다. 설날에는 떡국을 먹는데 떡국 한 그릇을 먹으면 나이도 한 살 더 먹는다는 말이 있다. 그리고 설날에는 가족들이 모여서 윷놀이나 연날리기 등의 전통 놀이를 한다.

추석은 음력 8월 15일로 한 해 농사의 결과에 대해 조상께 감사를 드리는 날이다. 추석도 설날과 마찬가지로 가족들이 모여서 조상님께 차례를 지내고 조상의 산소를 찾아 성묘를 간다. 추석에는 송편을 먹는데 송편을 예쁘게 만들면 예쁜 아이를 낳는다는 말이 있다. 추석을 대표하는 전통 놀이로는 씨름과 강강술래가 있다. 또한 밤에는 보름달을 바라보면서 소원을 빈다.

알아두기

성묘
조상의 산소를 찾아가 돌보는 것을 말한다.

씨름
한국의 민속 운동이다. 두 사람이 서로 상대의 허리에 있는 끈을 잡고 힘을 겨루어 먼저 넘어뜨리는 쪽이 이긴다.

강강술래
추석 밤에 보름달을 보며 여자들이 손에 손을 잡고 큰 원을 만들어 돌며 노래를 부르는 전통 놀이이다.

🔍 새 단어

대표적 │ 태양 │ 둘레 │ 차례 │ 복 │ 세배 │ 덕담 │ 반대 │ 윷놀이 │ 연날리기 │ 농사 │ 조상
마찬가지 │ 산소 │ 송편 │ 보름달 │ 바라보다 │ 소원 │ 빌다

한국의 대표 명절에는 설날과 추석 외에도 정월대보름과 단오가 있다. 정월대보름은 음력 1월 15일로 새해 첫 보름달을 맞이하여 소원을 비는 날이다. 정월대보름날에는 부럼 **깨물기**를 하는데 부럼이란 **껍질**이 **단단한** 잣, 밤, 호두 등의 **열매**를 말한다. 부럼을 깨물어 먹으면 몸에 **부스럼**이 나지 않는다고 한다. 그리고 온 가족이 귀밝이술을 마시는데 이 술을 마시면 귀가 잘 들려 남의 말을 잘 들을 수 있다고 한다. 이외에도 '**더위**팔기'를 하는데 남에게 '내 더위 사 가.'라고 말하면 그해 더위를 덜 타게 된다는 의미를 담고 있다. 단오는 벼농사의 시작 단계인 **모내기**를 끝내고 **풍년**을 **기원하는** 날로 음력 5월 5일이다. 단오에는 여자들

은 창포물에 머리를 감고 그네를 타며 남자들은 씨름을 하는 풍속이 있다.

명절은 조상을 **기리고** 가족들이 모여 즐거운 시간을 보내는 날이지만 준비하는 과정에서 심한 스트레스를 받은 사람들이 명절증후군을 앓는 경우도 있었다. 그러나 요즘에는 명절 풍속이 점점 바뀌어 가고 있다. 명절에 차례를 지내지 않고 명절 연휴를 이용하여 해외여행을 가는 사람들도 있고, 가족들이 모여서 간단하게 식사만 하는 사람들도 있다. 또 **예전**과 다르게 명절에 반드시 한복을 입지 않아도 된다. 이처럼 명절 **풍속**은 점점 바뀌고 있지만 가족들과 **정**을 나누는 문화는 계속되고 있다.

🔎 **새 단어**

깨물다 | 껍질 | 단단하다 | 열매 | 부스럼 | 더위 | 모내기 | 풍년 | 기원하다 | 기리다 | 예전 | 풍속 | 정

내용 확인

1. 다음의 어휘에 대한 설명으로 맞는 것을 연결하십시오.

1) 단단하다 •   • 곡식이나 채소 등을 심고 기르고 거두는 일.

2) 소원 •   • 어떤 일이 이루어지기를 바람. 또는 그런 일.

3) 마찬가지 •   • 둘 이상의 사물의 모양이나 일의 형편이 서로 같음.

4) 농사 •   • 사물이 어떤 힘에 의해 모양이 변하지 않을
　　　　　　　　　　정도로 딱딱하다.

2. 이 글의 제목으로 가장 알맞은 것을 고르십시오. (   )

① 한국의 명절

② 한복의 특성

③ 세계의 전통 문화

④ 음력과 양력의 차이

3. 이 글에서 이야기하지 않은 것을 고르십시오. (   )

① 설날의 새해 인사

② 단오에 먹는 음식

③ 정월대보름의 날짜

④ 추석에 하는 전통 놀이

4. 다음을 읽고 그 설명이 맞으면 O, 틀리면 X를 하십시오.

1) 단오는 음력 5월 5일이다. (   )

2) 설날에는 가족들이 모여 송편을 먹는다. (   )

3) 정월대보름에는 부럼을 먹고 귀밝이술을 마신다. (   )

4) 추석에는 어른들이 아이들에게 덕담을 하고 세뱃돈을 준다. (   )

5. 이 글을 읽고 요약해서 써 보십시오.

설날	
추석	
정월 대보름	
단오	

심화 학습

1. 다음 보기의 특별한 날에 대해서 조사하여 이야기해 보십시오.

개천절　　　현충일　　　광복절　　　한글날

2. 여러분 나라의 명절에 대해서 조사하여 써 보십시오.

---

3. 위의 내용을 바탕으로 발표해 보십시오.

한국에서 돼지의 의미

이슬람교에서는 돼지고기를 먹는 것을 금기시하지만, 한국 사람들은 돼지고기를 좋아하고 즐겨 먹는다. 특히 한국인의 삼겹살에 대한 선호는 세계적으로도 유별나다. 돼지고기는 맛과 영양이 뛰어나고 다른 고기에 비해 비교적 저렴하기 때문에 다양한 음식으로 만들어 먹는다. 하지만 한국의 역사 속에서 돼지고기가 늘 인기 있었던 것은 아니었다. 조선 시대 이전까지는 돼지고기를 제사의 제물로 사용하였을 뿐 식재료로는 그다지 선호하지 않았다.

그리고 한국에서 돼지에 대한 이미지는 긍정적인 의미와 부정적인 의미가 혼재되어 있다. 역사적으로는 돼지를 십이지신 중 하나로 생각하고 땅을 지켜 준다고 생각했다. 또한 돼지의 한자 발음 '돈(豚)'이 돈(화폐)과 같아서 재물을 가지고 온다고 생각하며 돼지꿈을 꾸면 복권을 사기도 한다. 이와 반대로 돼지를 부정적으로 보기도 했다. 돼지와 관련된 속담과 관용어에서는 돼지를 주로 더럽고 바보스러운 동물로 표현한다. 자신에게 맞지 않게 지나친 치장을 할 때는 "돼지 목에 진주 목걸이"라는 속담으로 표현한다. 이외에도 아주 듣기 싫도록 크게 소리를 지를 때는 "돼지 멱따는 소리"라고 표현한다.

> **알아두기**
>
> **십이지신**
> 땅을 지키는 열두 수호신이다. 열두 마리의 동물, 즉 쥐, 소, 호랑이, 토끼, 용, 뱀, 말, 양, 원숭이, 닭, 개, 돼지로 상징된다.
>
> **띠**
> 한국에서는 태어난 해가 12주기에 따라 돌아오고 각각의 12주기를 상징하는 동물이 있다고 생각하였다. 쥐, 소, 호랑이, 토끼, 용, 뱀, 말, 양, 원숭이, 닭, 개, 돼지가 각 해를 상징하는 동물이다.

1. 이 글과 일치하는 것을 고르십시오. (   )

① 한국 사람들은 역사적으로 항상 돼지고기를 즐겨 먹었다.

② 돼지의 한자 발음이 '신'과 같아서 돼지를 신으로 생각했다.

③ 돼지 멱따는 소리라는 말은 노래를 잘 부르는 사람을 뜻한다.

④ 한국 사람들은 꿈속에 돼지가 나오면 좋은 일이 있을 거라고 믿는다.

2. 이 글을 읽고 빈칸에 알맞은 말을 쓰십시오.

한국에서 돼지를 (   )(으)로 생각하기도 하고 (   )(으)로 생각하기도 하는 등 이미지가 (   )되어 있다.

🔍 새 단어

이슬람교 | 금기 | 즐기다 | 선호 | 유별나다 | 영양 | 비교적 | 저렴하다 | 제물 | 식재료 | 이미지
혼재되다 | 한자 | 화폐 | 재물 | 복권 | 속담 | 관용어 | 바보스럽다 | 치장

한국의 이삿날

한국은 다양한 이사 풍속이 있다. 이사하는 날을 정할 때 '손 없는 날'을 고른다. '손'은 손님의 줄임말로 날짜에 따라 동서남북 4방위로 다니면서 사람의 활동을 방해하고 사람에게 해코지한다는 악귀를 의미한다. 따라서 '손 없는 날'이란 악귀가 없어 인간에게 해를 끼치지 않는 길한 날이다. 음력으로 끝수가 9와 0일인 날, 즉 9일과 10일, 19일과 20일, 29일과 30일이 손 없는 날이다.

> **알아두기**
>
> **시루떡**
>
> 떡가루에 콩이나 팥 등을 섞어 시루라는 그릇에 넣고 찐 떡이다. 한국에서는 좋은 일, 나쁜 일이 있을 때마다 시루떡을 만들어 이웃과 나누어 먹었다.

또한 이사하는 날에는 새 집에 소금을 조금 뿌려 놓거나 물건 중 밥솥을 제일 먼저 가지고 들어가기도 한다. 소금은 부정한 것을 없앤다는 의미가 있고, 밥솥은 부를 가져온다는 의미가 있다.

이사한 뒤에는 시루떡을 이웃과 나누어 먹는다. 시루떡은 붉은 팥을 묻힌 떡인데 예로부터 한국 사람들은 붉은 팥이 귀신을 쫓아낼 수 있다는 믿음을 가지고 있었다. 또한 이사를 하고 나면 '집들이'라 하여 주변의 지인들을 불러 간단한 잔치를 한다. 집들이도 땅에 사는 귀신들을 밟아 없앤다는 의미가 있다. 그리고 집들이 선물로 비누나 세탁 세제 등을 선물하는데 부자가 되기를 바란다는 의미가 있다.

1. **다음을 읽고 그 설명이 맞으면 O, 틀리면 X를 하십시오.**

   1) 한국에서는 이사하는 날짜를 중요하게 생각한다. (   )

   2) 한국에서는 이사한 후에 사람들을 불러 잔치를 한다. (   )

   3) 손 없는 날은 가게에 손님이 한 명도 없는 날을 말한다. (   )

   4) 한국에서는 이사할 때 밥솥을 제일 마지막에 가지고 들어간다. (   )

2. **여러분 나라의 독특한 풍속에 대한 글을 200-300자 내외로 써 보십시오.**

3. **자신이 작성한 글을 발표해 보십시오.**

🔍 **새 단어**

줄임말 ㅣ 방해하다 ㅣ 해코지하다 ㅣ 악귀 ㅣ 해 ㅣ 끼치다 ㅣ 길하다 ㅣ 밥솥 ㅣ 부정하다 ㅣ 부 ㅣ 팥
묻히다 ㅣ 쫓아내다 ㅣ 지인 ㅣ 밟다

사람이 태어나 살아가면서 **탄생**, 결혼, 죽음 등 많은 일들이 일어난다. 한국에서는 주변 사람들에게 생기는 이런 일들을 함께 축하하거나 슬퍼하는 것이 **예의**라고 생각하며, 중요하게 여긴다.

먼저 탄생 또는 생과 관련된 **의례**에는 백일, 돌, 환갑 등이 있다.

백일은 아기가 태어난 지 백일이 되는 날을 축하하는 것이다. 백일에는 백설기라는 흰색의 떡을 준비하는데 이는 **티**없는 깨끗함과 **신성함**, 백 살까지 **장수**를 기원하는 의미를 담고 있다.

돌은 아기가 태어난 지 1년 되는 첫 생일을 말한다. 돌이란 열두 달을 한 바퀴 돌았다는 의미이다. 돌잔치에서는 아이 앞에 여러 물건을 **늘어놓고 집게** 하여 앞날을 **점치는** '돌잡이'라는 의식을 한다.

> ◀ **알아두기** ▶
>
> **돌잡이 물건의 종류와 의미**
>
> **[전통]**
> • 국수, 실 – 장수
> • 쌀, 돈 – 재복
> • 필기구 – 학자
> • 활 – 군인
>
> **[현대]**
> • 공 – 운동선수
> • 청진기 – 의사
> • 마이크 – 연예인

만 60세인 환갑과 만 69세인 칠순도 중요하게 여기는 생일이다. 수명이 짧았던 과거에는 건강하게 오래 사는 것을 축하하며 가족과 친지들이 모여서 크게 잔치를 벌였으나 요즘에는 간단한 축하 파티를 하거나 가족 여행, **정성스러운** 선물로 대신하기도 한다.

관례는 보통 15~19세가 된 젊은이들이 성인이 되었음을 **공식적**으로 알리기 위해 **치르던** 의식이다. 과거 전통 사회에서는 청소년기의 남녀 모두 머리를 길게 **땋아 늘어뜨렸는데** 관례 때 머리를 올려 **묶게** 된다. 이것은 이제 어른이 되었으며, 사회 **구성원**으로서의 책임과 **의무**를 가지게 된다는 사회적인 의미가 있다. 오늘날에는 공식적으로 5월 셋째 월요일을 '성년의 날'로 정하고 있으며, 만 19세가 되는 사람들이 이때 성년이 된다. 요즘에는 과거와 달리 따로 의식은 치르지는 않지만 장미꽃, 향수 등을 선물하며 어른이 된 것을 축하한다.

🔍 **새 단어**

탄생 │ 예의 │ 의례 │ 티 │ 신성하다 │ 장수 │ 늘어놓다 │ 집다 │ 점치다 │ 수명 │ 친지 │ 정성스럽다 │ 공식적 │ 치르다 │ 땋다 │ 늘어뜨리다 │ 묶다 │ 구성원 │ 의무 혼례는 결혼식의 옛말로 이날 신랑과 신부는 한복을 입는다. 특히 연지곤지라고 하여 두 볼에 붉은 점을 찍거나 동그랗게 오린 종이를 붙여 액운을 막았다. 예전의 혼례는 기러기 장식이 놓인 상 앞에 마주 서서 서로에게 절을 올리고 술을 나눠 마시며 결혼을 약속했다. 현재의 결혼식은 주로

알아두기

백년해로
「명사」
부부가 되어 한평생을 사이좋게 지내고 즐겁게 함께 늙음.

돌아가시다
'죽다'의 높임말로 직접적이 아닌 완곡하게 표현한 것이다.
비슷한 표현으로 '눈을 감다', '숨을 거두다', '세상을 떠나다' 등이 있다.

결혼식장, 종교 시설, 호텔 등에서 진행한다.

마지막으로 죽은 사람을 위한 의례에는 상례와 제례가 있다. 상례는 흔히 장례라고도 하며 돌아가신 분과의 마지막 이별이라고 생각하여 정성껏 치른다. 예전에는 돌아가신 분의 가족들이 삼베로 만든 한복을 입고 위로를 하기 위해 찾아온 손님께 인사를 하며 음식을 대접하였다. 옛날의 장례는 절차가 복잡하고 기간도 길었지만, 오늘날에는 간소화되었다. 이제는 장례를 집이 아닌 장례식장에서 하며, 검정색 양복 복장으로 약 3일 동안 조문객을 맞는다.

제례 즉 제사는 해마다 가족이 돌아가신 날에 가족과 친척들이 모여 예의를 갖추어 인사를 드리는 것이다. 제사를 지낼 때는 격식에 맞추어 여러 음식을 준비하여 제사상을 차린다. 설날이나 추석 같은 명절에도 제사를 지내는데, 이것은 '차례'라고 한다.

🔍 **새 단어**

찍다 | 동그랗다 | 오리다 | 액운 | 막다 | 기러기 | 마주 | 정성껏 | 삼베 | 대접하다 | 절차
간소화되다 | 조문객 | 격식

내용 확인

1. 다음의 어휘에 대한 설명으로 맞는 것을 연결하십시오.

1) 의무　　•　　　　　•　오래 삶.

2) 친지　　•　　　　　•　마땅히 해야 할 일.

3) 정성껏　•　　　　　•　서로 친하여 가깝게 지내는 사람.

4) 장수　　•　　　　　•　성실한 마음으로 온갖 힘을 다하여.

2. 이 글의 제목으로 가장 알맞은 것을 고르십시오. (　　　　　)

① 친지들과의 관계

② 명절에 하는 행사

③ 한국의 전통 의례

④ 한국 사람들의 성격

3. 이 글에서 이야기하지 않은 것을 고르십시오. (　　　　　)

① '돌'이라는 단어의 의미

② 관례를 지낼 때 먹는 음식

③ 상례를 정성껏 치르는 이유

④ 혼례에서 신랑, 신부가 입는 옷

4. 다음을 읽고 그 설명이 맞으면 O, 틀리면 X를 하십시오.

1) 돌잔치 때는 백설기라는 떡을 먹는다. (　　　　　)

2) 환갑은 만 60세 때 하는 생일잔치이다. (　　　　　)

3) 차례는 가족이 돌아가신 날에 치르는 의식이다. (　　　　　)

4) 5월 셋째 주 월요일은 공식적으로 성년의 날로 지정되었다. (　　　　　)

5. 이 글을 읽고 요약해서 써 보십시오.

탄생, 생일 관련 의례	
관례	
혼례	
죽은 사람을 위한 의례	

1. 다음 모임이나 행사의 의미와 하는 일을 이야기해 보십시오.

집들이	환영회	송년회	신년회

2. 자국의 전통 혼례에 대해 조사하여 써 보십시오.

3. 위의 내용을 바탕으로 친구들과 여러 나라의 혼례를 비교하며 이야기해 보십시오.

한국의 나이 계산

대부분의 나라에서는 아이가 태어나면 0세가 되며, 태어난 날부터 1년이 지나면 1살이 된다. 즉 생일을 기준으로 나이를 계산한다.

한국에서도 이러한 나이 **계산법**을 공식 나이로 규정하고 **공문서**나 **법조문**, 병원**진료**기록, **언론** 기사 등에서 사용한다. 그러나 일상생활에서는 **관습적**으로 한국만의 나이 계산법이 **두루** 쓰인다. 아이가 태어나면 날짜와 **상관없이** 태어난 해에 1살로 하고, 새해 첫날에 한 살씩 **더해서** 나이를 세는 비공식적인 계산법이다. 이렇게 나이를 계산하는 방법은 **본래** 동아시아 전체에서 전통적으로 사용했던 방식이었지만 다른 나라에서는 **차츰 폐지하여** 현재는 한국에만 남아 있다. 따라서 이런 비공식적인 나이 계산법을 '한국 나이'라고 부르기도 한다. 일상생활에서 국제 **표준** 나이 계산법을 사용할 경우는 관습적인 나이 계산법과 구분하기 위해 '만 나이'라고 **강조하여** 쓰는 경우가 많다. 한국에서 이렇게 나이를 세는 이유는 아기가 어머니 배 속에 있을 때부터 사람이라고 생각해 한 살로 **인정했기** 때문이다. 또한 새해 첫날 한 살이 더해지기 때문에 설날 떡국을 먹으면서 나이를 먹는다고 한다.

> **알아두기**
>
> **한국 나이**
> 한국에서도 국제적 추세에 맞추어 '한국 나이'를 폐지하고 '만 나이'로 통일하자는 여론이 있다.

1. 다음을 읽고 그 설명이 맞으면 O, 틀리면 X를 하십시오.

1) 한국의 '만 나이'는 아이가 태어나면 1세가 되는 것을 말한다. (   )

2) 한국에서는 공문서와 언론 기사에서 사용하는 나이가 다르다. (   )

3) 한국에는 공식적인 나이 계산법과 비공식적인 나이 계산법이 있다. (   )

4) 과거 다른 동아시아 국가들도 한국과 같은 나이 계산법을 사용하였다. (   )

2. 이 글을 읽고 빈칸에 알맞은 말을 쓰십시오.

> 한국 나이는 아이가 (   )(으)면, 나이를 1살로 하고 (   )에
> 한 살씩을 더하여 계산하는 것이다.

🔍 **새 단어**

계산법 | 공문서 | 법조문 | 진료 | 언론 | 관습적 | 두루 | 상관없다 | 더하다 본래 | 차츰 | 폐지하다
표준 | 강조하다 | 인정하다

경조사 참석 예절

경조사란 **경사스러운** 일과 **불행한** 일이라는 뜻으로 보통 결혼식과 장례식을 말한다. 이러한 축하나 위로의 경조사 자리에서는 때와 장소에 따라 적절한 예의를 갖추는 것이 중요하다.

먼저 결혼식 참석의 기본예절은 시간을 지키는 것이다. 보통 예식 시작 전에 도착하여 신랑, 신부와 **양가** 부모님께 축하 인사를 하고, 사진도 함께 찍는 것이 좋다. 또한 결혼식에 **참석할** 때는 **단정하고 깔끔한** 옷을 입어야 한다. 보통 한국의 결혼식에서 신부는 흰 드레스를 입는다. 따라

> **알아두기**
>
> **축의금과 부의금**
> 축의금과 부의금의 액수는 참석자의 형편에 따라 하면 된다. 그러나 짝수를 피하고 홀수로 해야 한다. 한국에서는 홀수에 긍정의 의미가 있다고 생각하기 때문이다. 따라서 보통 5만 원, 7만 원 등 홀수로 돈을 준비한다.

서 신부가 **돋보일** 수 있도록 손님들은 흰색 옷을 **피하는** 것이 좋다. 장례식에서도 예절을 지켜야 한다. 장례식에 갈 때는 화려한 색깔의 옷을 입지 말고 검은색 또는 **무채색**의 옷을 입어야 한다. 또한 **맨발**이 보이지 않도록 **양말**이나 **스타킹**을 신는 것이 좋다. 장례식은 돌아가신 분을 **추모하는** 경건한 분위기에서 진행되므로 **건배**를 하거나 큰소리로 말하지 않는다. 결혼식과 장례식에 갈 때는 축하하고 위로하는 마음에서 보통 흰색 봉투에 현금을 넣어서 준다. 봉투에 결혼 축하 때는 '축 결혼', 장례식에 갈 때는 '삼가 **고인의 명복**을 빕니다' 등의 내용을 쓰고 자신의 이름과 **소속** 단체명을 쓴다.

1. 이 글과 일치하는 것을 고르십시오. (   )

① 장례식에 갈 때는 양말을 신고 가야 한다.
② 장례식장에서는 건배를 하며 돌아가신 분을 추모한다.
③ 신부의 친구들은 결혼식에서 보통 하얀색 옷을 입는다.
④ 결혼식에서 선물로 주는 봉투에는 아무 글도 쓰지 말아야 한다.

2. 여러분 나라의 경조사 참석 예절에 대한 글을 200–300자 내외로 써 보십시오.

3. 자신이 작성한 글을 발표해 보십시오.

🔍 **새 단어**

경사스럽다 | 불행하다 | 양가 | 참석하다 | 단정하다 | 깔끔하다 | 돋보이다 | 피하다 | 무채색
맨발 | 양말 | 스타킹 | 추모하다 | 경건하다 | 건배 | 고인 | 명복 | 소속

1. '한식'하면 어떤 맛이 가장 먼저 떠오릅니까?

2. 한국에서 어떤 공공기관을 이용해 봤습니까?
   거기에서 무엇을 했습니까?

제 IV 장

생활

생활

📝 알아보기 ①

한식은 '한국의 음식'을 의미한다. 한식의 상차림은 밥, 반찬, 국 등이 한 상에 차려지는 것을 말한다.

'소반'이라고 불리는 작은 상에 밥과 반찬 두세 가지를 차리는 소박한 밥상부터 임금 님께 올리는 호화로운 밥상인 '수라상'까지 음식을 차려 내 는 방법은 천차만별이다. 한식의 이름은 주로 재료에 조리 방법을 붙여 음식명이 정해진다. 김치찌개, 된장국처럼 탕, 국, 찌개, 찜 등은 국물의 정도에 따라 구분된다.

> **알아두기**
>
> **천차만별(千差萬別)**
> 사물이 모두 차이가 있고 다 르다는 의미로 세상 만물이 서로 다름을 강조할 때 사용 하는 말
>
> **조리 도구**
> 수저(숟가락, 젓가락), 포크 냄비, 그릇, 밥공기, 국자

한식의 첫 번째 특징으로 는 곡류 음식이 발달했다는 점이다. 한국은 고온다습한 기후라 벼농사가 주를 이룬 다. 이와 함께 보리, 콩, 메 밀 등의 밭농사도 활발한 편이다. 따라서 한식은 곡

류 음식이 많으며 한국인들은 무엇보다 밥의 맛을 중요하게 생각한다. 특히 금방 지은 따끈한 밥을 선호하고 찬밥을 좋아하지 않기 때문에 '찬밥신세'라는 표현을 부정적인 의미로 사용한다.

🔎 새 단어

상차림 | 차리다 | 소박하다 | 밥상 | 올리다 | 호화롭다 | 재료 | 조리 | 구분되다 | 곡류 | 발달하다
고온다습 | 벼농사 | 주 | 보리 | 콩 | 메밀 | 밭농사 | 활발하다 | 짓다 | 따끈하다

두 번째 특징은 **발효 저장** 음식이 발달했다는 점이다. 농사를 지으며 한곳에 **정착해서** 사는 문화였으므로 만드는 데 오랜 시간이 걸리는 발효 음식이 발달할 수 있었다. 한식에서 맛을 낼 때는 된장, 간장 고추장 같은 장을 사용하는데 장은 **삶은** 콩을 소금물에 넣어 오랜 시간 **숙성**시킨 메주로 만든다. 이렇게 만든 된장, 간장, 고추장은 한식의 기본 **양념**이 된다. 이외에도 일 년 동안 먹을 김치를 한 번에 담그는 김장을 한다.

냉장고가 없던 시절에는 김장을 한 후에 낮고 **일정한** 온도에서 김치를 **보관하기** 위해 김장독을 땅에 **묻어서** 김치를 보관했었다. 그러나 이제는 김치냉장고가 **개발되어** 예전처럼 김장독을 땅에 묻지 않아도 된다.

세 번째 특징은 곡류, 채소류, 육류, **어패류** 등이 잘 **어우러져 있**다는 점이다. 한식에서는 땅, 바다, 하늘에서 나는 식재료를 **골고루** 사용한다. 또한 음식 조리의 방법도 아주 다양하다. 어떤 **식재료는 말려서** 보관해 두었다가 몇 달 혹은 몇 년이 지난 후에 조리해 먹는 경우도 있다. 또한 나라에서 **금기하는** 식품이 없기 때문에 다양한 재료를 사용하여 음식을 조리할 수 있다.

한국에는 '약식동원(藥食同源)'이라는 말이 있는데 이 말은 약과 음식은 **근원**이 같기 때문에 음식을 **궁합**에 맞게 먹는다면 아픈 병도 나을 수 있다는 뜻이다. 이처럼 한국인은 음식이 단순히 한 끼 식사가 아닌 건강을 위한 약이라고 믿었다.

🔍 **새 단어**

발효 | 저장 | 정착하다 | 삶다 | 숙성 | 양념 | 일정하다 | 보관하다 | 묻다 | 개발되다 | 어패류
어우러지다 | 골고루 | 식재료 | 말리다 | 금기하다 | 근원 | 궁합

1. 다음의 어휘에 대한 설명으로 맞는 것을 연결하십시오.

1) 김장 •
2) 골고루 •
3) 천차만별 •
4) 금기하다 •

• 빼놓지 않고 이것저것 모두.
• 어떤 일을 하지 않거나 피하다.
• 여러 가지 사물이 모두 차이가 있고 구별이 있다.
• 겨울 동안 먹을 김치를 늦가을에 한꺼번에 많이 만드는 일, 또는 그렇게 만든 김치.

2. 이 글의 제목으로 가장 알맞은 것을 고르십시오. (   )

① 한식에 대한 책
② 한식의 특징과 상차림
③ 한식과 다른 나라 음식
④ 외국 사람들이 가장 좋아하는 한식

3. 이 글에서 이야기하지 않은 것을 고르십시오. (   )

① 한국에서 금기하는 음식
② 찬밥신세라는 표현의 의미
③ 한식의 이름을 정하는 방법
④ 한국에서 발효 저장 음식이 발달한 이유

4. 다음을 읽고 그 설명이 맞으면 O, 틀리면 X를 하십시오.

1) 한국에는 곡류로 만든 음식이 많다. (   )
2) 김치는 한국의 대표적인 발효 식품이다. (   )
3) 된장, 간장, 고추장은 한식의 기본 양념이 된다. (   )
4) 수라상은 반찬 수를 3-4개로 간소하게 차리는 상이다. (   )

5. 이 글을 읽고 요약해서 써 보십시오.

1문단	
2문단	
3문단	
4문단	

1. 다음은 특별한 날에 먹는 한국 음식입니다. 언제 먹는 음식인지 조사해 보십시오.

| 잡채 | 팥죽 | 잔치국수 | 미역국 |

2. 여러분 나라의 특별한 음식에 대해서 써 보십시오.

3. 위의 내용을 바탕으로 발표 자료(그림, 사진, 동영상 등 첨부)를 만들어 친구들에게 설명해 보십시오.

한국인의 보양식 삼계탕

삼계탕은 한국인이 가장 즐겨 먹는 보양식이다. 한국인들은 건강이 안 좋을 때나 힘이 나는 음식을 먹고 싶을 때 삼계탕을 떠올린다. 그런데 특히 일년 중 가장 더운 날인 삼복(음력 6월에서 7월 사이)에 삼계탕을 챙겨 먹는다.

여름에는 무더운 날씨 때문에 사람들이 찬 음식이나 음료를 자주 먹는다. 하지만 이렇게 차가운 음식을 많이 섭취하면 몸이 차가워지기 때문에 건강이 나빠지기 십상이다. 따라서 건강을 위해서는 몸을 따뜻하게 만들어서 보호해 주는 음식을 먹어야 한다. 한국 사람들은 여름철 무더위로 허약해진 몸에 따뜻한 기운을 얻기 위해 삼계탕을 먹는다. 삼계탕에는 닭고기, 인삼, 대추, 찹쌀, 마늘 등과 같이 우리 몸을 따뜻하게 해 주는 식재료가 들어가기 때문이다. 또 삼계탕은 오래 끓여 음식이 부드럽고 소화가 잘 된다. 맛도 자극적이지 않아서 누구나 부담 없이 먹을 수 있다. 이처럼 삼계탕은 한국인들이 이열치열을 즐기며 더위를 극복할 수 있게 해 주는 고마운 보양식이다.

> **알아두기**
>
> **보양식(保養食)**
> 건강을 위해 먹는 음식으로 어죽, 삼계탕, 장어구이 등을 먹는다.
>
> **이열치열(以熱治熱)**
> 따뜻한 음식과 땀을 흘리는 방식으로 더위를 이겨 낸다.

1. 이 글과 일치하는 것을 고르십시오. (   )

① 보양식은 한겨울에 즐겨 먹는 음식이다.

② 삼계탕을 먹으면 차가운 몸속이 따뜻해진다.

③ 삼계탕은 맛이 자극적이라서 소화가 잘 안 된다.

④ 닭고기, 인삼 등은 몸을 차갑게 해 주는 식재료이다.

2. 이 글을 읽고 빈칸에 알맞은 말을 쓰십시오.

한국 사람들은 이열치열을 즐기며 (   )(으)ㄴ/는 날씨를 (   )하기 위해 삼계탕을 먹는다.

🔍 **새 단어**

떠올리다 ｜ 무덥다 ｜ 섭취하다 ｜ 보호하다 ｜ 허약하다 ｜ 기운 ｜ 인삼 ｜ 대추 ｜ 찹쌀 ｜ 마늘 ｜ 들어가다
소화 ｜ 자극적 ｜ 극복하다

한국의 길거리 음식

한국의 길거리 음식은 종류가 매우 다양하고 식당에서 파는 음식에 비해서 저렴한 편이다. 그래서 외국인 관광객들 사이에서도 한국의 길거리 음식이 인기가 많다. 특히 서울의 명동에서는 다양한 길거리 음식을 즐길 수 있다.

한국의 길거리 음식 중에서 가장 대표적인 음식은 떡볶이이다. 떡볶이는 원래 궁중에서 새해를 맞아 차례를 지내기 위해 만든 음식이었는데 현대에 와서는 누구나 즐겨 먹는 간식이 되었다. 과거 궁중에서는 간장으로 양념을 만들었지만 요즘에는 고추장 양념으로 맵게 만든다. 따라서 현재는 매운맛을 떠올리면 떡볶이가 가장 먼저 생각이 날 정도로 매운맛의 상징이 되었다. 또 떡볶이와 잘 어울리는 어묵, 튀김, 순대 등도 길거리 음식으로 빼놓을 수 없다. 날씨가 추워지면 따끈한 붕어빵도 인기가 많다. 붕어빵은 밀가루를 반죽하여 붕어 모양의 틀에 붓고 그 속에 팥소를 넣어 구운 것이다. 이외에도 밀가루 반죽 속에 설탕을 넣어 납작하게 구운 호떡도 유명하다. 최근에는 길거리 음식으로 컵밥도 인기가 있는데 이것은 말 그대로 컵 모양의 그릇에 밥과 반찬을 담아 파는 음식이다. 컵밥은 서울의 노량진에서 시작되었다. 노량진에는 학원이 모여 있어서 대학입학시험이나 취업을 준비하는 사람들이 많다. 그들이 빠르고 간단히 먹을 수 있는 음식으로 컵밥을 찾으면서 호응을 얻기 시작했다.

1. 다음을 읽고 그 설명이 맞으면 O, 틀리면 X를 하십시오.

1) 떡볶이는 과거에는 매운 음식이 아니었다. (   )

2) 겨울에는 길거리 음식 중 붕어빵이나 호떡이 인기가 많다. (   )

3) 컵밥은 학원이 모여 있는 노량진에서 처음으로 만들어 졌다. (   )

4) 한국의 길거리 음식은 저렴한 편이기는 하나 그 종류가 적다. (   )

2. 여러분 나라의 길거리 음식을 소개하는 글을 200-300자 내외로 써 보십시오.

3. 자신이 작성한 글을 발표해 보십시오.

🔍 **새 단어**

궁중 | 간식 | 상징 | 빼놓다 | 반죽하다 | 틀 | 붓다 | 팥소 | 굽다 | 납작하다 | 학원 | 취업
호응을 얻다

공공기관은 국민의 이익과 생활 편의를 위해 만든 행정 업무 기관이다. 공공기관에는 경찰서, 소방서, 우체국, 보건소 등이 있다.

경찰서는 사회의 질서를 지키고 국민의 안전과 재산을 보호하는 일을 하는 기관이다. 범죄 피해를 입거나 교통사고가 난 경우에는 직접 경찰서에 가거나 전화로 신고하여 도움을 받을 수 있다. 전화로 신고할 때는 바로 112를 누르거나 애플리케이션 112앱을 이용하면 된다.

소방서는 화재를 막거나 응급 환자를 병원으로 데려가는 일을 하는 기관이다. 주변에 불이 났거나 위급한 환자가 생겼을 때는 신속하게 소방서에 연락을 하면 된다. 소방서 신고는 경찰서 신고와 마찬가지로 바로 119를 누르거나 애플리케이션 119앱을 이용하면 된다.

우체국은 편지, 소포를 보내거나 은행과 같은 일을 하는 기관이다. 여기에서는 국내외로 우편물을 보낼 수 있는데 요금은 중량이나 크기, 배송 거리 등에 따라 다르다. 국내 우편은 보통 우편물을 접수한 1~2일 후에 배달되고 국제 우편은 보내는 방법에 따라 걸리는 기간이 다르다. 또한 국가별로 보낼 수 있는 물건이 다르고 배송 중량을 제한하기도 하므로 물건을 보내기 전에 잘 알아봐야 한다.

알아두기

급한 불을 끄다
[관용어]
우선 절박한 문제를 처리하여 해결하다.

발 벗고 나서다
[관용어]
앞장서서 돕다. 적극적으로 나서다.

🔍 **새 단어**

편의 | 행정 | 업무 | 재산 | 범죄 | 피해를 입다 | 신고하다 | 누르다 | 애플리케이션 | 막다
응급 | 데려가다 | 위급하다 | 신속하다 | 중량 | 배송 | 접수하다 | 제한하다 | 알아보다

보건소는 지역 주민의 건강을 증진하고 질병을 예방하고 관리하기 위하여 설치한 기관으로 건강과 관련된 검사와 예방 등의 일을 한다. 또한 외국인들이 한국에 있는 외국인 진료 의료 기관, 외국어가 가능한 약국 등에 대해 알아보고 싶으면 해당 지역의 보건소에 문의하면 된다.

알아두기

바로바로
「부사」
그때그때 곧.
예) 할 일이 있으면 미루지 말고 **바로바로** 하세요.

종종
「부사」
가끔. 때때로
예) 저는 영화를 좋아해서 **종종** 영화관에 가요.

외국인이 주로 이용하는 공공 기관에는 출입국•외국인청과 외국인종합안내센터가 있다. 출입국•외국인청에서는 외국인등록증을 발급 받고, 체류 자격을 변경하거나 체류 기간을 연장할 수 있다. 또한 유학생 및 어학연수생이 아르바이트를 할 경우도 이곳에 신고를 해야 한다. 외국인종합안내센터는 한국에 살고 있는 외국인에게 행정과 생활 안내 서비스를 제공하는 곳이다. 한국어와 19개 외국어로 생활 안내나 교통, 의료, 문화, 관광, 교육에 대한 정보를 제공한다. **외국인종합안내센터**의 다양한 정보를 확인하려면 하이코리아(www.hikorea.go.kr)를 검색하거나 1345번에 전화하면 된다.

인천출입국•외국인청

하이코리아 홈페이지 (www.hikorea.go.kr)

🔍 **새 단어**

증진하다 ｜ 예방하다 ｜ 설치하다 ｜ 의료 ｜ 해당 ｜ 체류 ｜ 변경하다 ｜ 연장하다 ｜ 제공하다 ｜ 검색하다

1. 다음의 어휘에 대한 설명으로 맞는 것을 연결하십시오.

1) 편의　　　　●　　　　　　　　　●　　급한 상황에 대처함.

2) 응급　　　　●　　　　　　　　　●　　형편이나 조건 등이 편하고 좋음.

3) 연장하다　●　　　　　　　　　●　　길이나 시간, 거리 등을 길게 늘리다.

4) 제한하다　●　　　　　　　　　●　　일정한 정도나 범위를 정하거나,
　　　　　　　　　　　　　　　　　　　　　그 정도나 범위를 넘지 못하게 막다.

2. 이 글의 제목으로 가장 알맞은 것을 고르십시오. (　　　　　)

① 한국에 사는 외국인

② 한국의 여러 공공 기관

③ 한국에서 살 때의 어려움

④ 한국의 의료 기관 이용 방법

3. 이 글에서 이야기하지 않은 것을 고르십시오. (　　　　　)

① 소방서에서 하는 일

② 우체국의 운영 시간

③ 경찰서에 신고하는 방법

④ 외국인종합안내센터 전화번호

4. 다음을 읽고 그 설명이 맞으면 O, 틀리면 X를 하십시오.

1) 출입국 • 외국인청에서 외국인등록증을 만들어 준다. (　　　　　　)

2) 우체국에서 물건을 보낼 때는 무게에 따라 배송 요금이 다르다. (　　　　　　)

3) 휴대 전화의 애플리케이션을 이용하여 소방서에 신고할 수 있다. (　　　　　　)

4) 유학생 및 어학연수생이 아르바이트를 할 경우, 경찰서에 신고해야 한다. (　　　　　　)

5. 이 글을 읽고 요약해서 써 보십시오.

경찰서	
우체국	
보건소	
출입국 · 외국인청	
외국인종합 안내센터	

심화 학습

1. 보기의 공공기관에서 하는 일에 대해 이야기해 보십시오.

시청	법원	도서관	대사관

2. 자신이 실제로 이용했던 한국의 공공기관에 대해서 간단하게 써 보십시오.

3. 한국에 살고 있는 외국인의 입장에서 한국의 공공기관에 건의하고 싶은 내용을 토의해 보십시오.

교통 환승 할인 제도

교통 환승 할인 제도는 교통 카드를 사용하여 대중교통을 2개 이상 이용할 경우, 나중에 타는 교통수단의 요금을 할인해 주는 제도이다. 즉 지하철을 타고 가다가 내려서 버스로 갈아타게 되면 총 거리 10km 이내에서는 버스 승차 시 돈을 추가로 내지 않아도 된다. 10km를 초과한 경우에는 하차할 때 카드를 찍으면 추가 요금이 계산된다. 단 출퇴근 시간에는 하차 후 1시간 이내, 그 외 시간에는 30분 이내 탑승해야 무료 환승이 가능하다. 지역에 따라 요금 할인 방식에 약간의 차이가 있지만 지하철과 버스가 다니는 모든 지역에서 이 제도가 실행되고 있다.

그러나 현금을 내고 대중교통을 갈아타면 탈 때마다 요금을 내야 한다. 따라서 한국에서 대중교통을 이용할 때는 교통 카드를 사용하는 것이 좋다. 교통 카드는 편의점이나 지하철역에서 구매할 수 있으며, 이후 잔액이 부족한 경우 교통 카드 충전기에서 원하는 금액만큼 충전해서 사용하면 된다.

> ### 알아두기
>
> **코리아투어카드**
> **(KOREA TOUR CARD)**
>
>
>
> 외국인 전용 교통 관광 카드로 대한민국의 교통수단을 이용할 수 있는 것은 물론 한국의 유명 관광지, 면세점 및 쇼핑센터, 식음료 상점에서 할인 혜택도 받을 수 있다.
>
> 금액 / 잔액 / 고액 / 소액
> 차액 / 감액

1. 이 글과 일치하는 것을 고르십시오. (   )

① 대중교통을 이용할 때는 현금을 사용해도 요금을 할인해 준다.

② 교통 카드의 금액을 모두 사용한 후에는 다시 카드를 사야 한다.

③ 대중교통을 갈아타고 일정 거리 이상 이동하면 추가로 돈을 내야 한다.

④ 하차 시간과 상관없이 대중교통을 이용하면 언제든지 환승 할인을 받을 수 있다.

2. 이 글을 읽고 빈칸에 알맞은 말을 쓰십시오.

> 한국에서는 (   )을/를 사용하면 대중교통을 갈아탈 때
> 요금을 (   )아/어/여 준다.

🔍 새 단어

대중교통 | 교통수단 | 요금 | 할인하다 | 갈아타다 | 총 | 승차 | 추가 | 하차하다 | 탑승하다
방식 | 실행되다 | 구매하다 | 잔액 | 부족하다 | 충전기 | 원하다 | 금액

쓰레기 분리 배출

한국에서 쓰레기를 버릴 때는 종류별로 **규정** 봉투에 넣어 **지정된** 곳에 버려야 한다. 만약 쓰레기를 규정에 맞지 않게 **함부로** 버리면 **벌금**을 내야 한다.

쓰레기 봉투는 가까운 마트나 편의점에서 살 수 있으며, 사는 지역에 따라 사용하는 봉투가 다르므로 반드시 자기가 살고 있는 지역의 봉투를 사용해야 한다. 음식물 쓰레기의 경우는 주택의 종류에 따라 다르다. 보통 단독 주택, 다세대 주택에서는 전용 봉투를 사용하여 버리고, 아파트는 아파트 전용 수거통을 사용하여 음식물 쓰레기를 처리한다. 또한 **재활용품**은 잘 구분하여 **별도**로 버려야 한다. 재활용이 되는 물건들은 종이류, 병류, **고철류**, 캔류, 비닐류 등이다. 음료수 병이나 캔 등은 **물기**를 모두 말린 후 **부피**를 줄여서 **내놓아야** 한다. 못 쓰게 된 가구나 전자제품처럼 부피가 큰 쓰레기는 주민 센터나 지정 판매소에서 **배출 스티커**를 사서 **붙인** 후에 지정된 장소에 내놓아야 **수거해** 간다. **멀쩡한** 가구나 고장 나지 않은 전자제품이 있다면 버리지 말고 벼룩시장에 내놓아 필요한 사람에게 팔아도 된다.

> **알아두기**
>
> **중고물품**
> 중고시장이나 판매점을 이용하면 유학 생활 동안 사용할 물건을 저렴한 가격에 구매할 수 있다. 중고물품 시장을 다른 이름으로 '벼룩시장'이라고 한다. 요즘은 인터넷 중고물품 판매점도 많이 있으므로 편하게 이용할 수 있다.

1. 다음을 읽고 그 설명이 맞으면 O, 틀리면 X를 하십시오.

1) 한국에서 쓰레기를 잘못 버리면 벌금을 낸다. (   )

2) 재활용품은 일반 쓰레기 봉투 안에 넣어서 버려야 한다. (   )

3) 부피가 큰 쓰레기는 주민 센터에 직접 가지고 가야 한다. (   )

4) 한국에서 파는 쓰레기 봉투는 지역과 관계없이 모두 같다. (   )

2. 여러분 나라의 특별한 생활 제도에 대한 글을 200~300자 내외로 써 보십시오.

3. 자신이 작성한 글을 발표해 보십시오.

🔍 **새 단어**

규정 │ 봉투 │ 지정되다 │ 함부로 │ 벌금 │ 재활용품 │ 별도 │ 고철 │ 물기 │ 부피 │ 내놓다 │ 배출 스티커
붙이다 │ 수거하다 │ 멀쩡하다

1. 여러분은 어떤 계절을 좋아합니까?
2. 한국의 '도'와 '시'는 모두 몇 개입니까?

경북도

시
• 울산광역시
부산광역시

제 V 장

지리

지리

📝 알아보기 ①

한국은 중위도에 위치해 있으므로 봄, 여름, 가을, 겨울 4계절이 있는 온대성 기후를 보인다. 계절마다 날씨가 다르며, 이에 따라 하는 일도 조금씩 다르다.

고위도	햇빛을 비스듬히 받아 넓은 지역에 열이 분산된다.
중위도	햇빛을 약간 비스듬히 받는다.
저위도	햇빛을 수직에 가깝게 받아 열이 좁은 지역에 집중된다.

봄은 3월부터 5월까지이다. 이 때는 겨울 동안 쌓인 눈과 얼음이 녹고 날씨가 점점 따뜻해진다. 이른 봄에는 북쪽에서 거센 바람이 불어와 '꽃샘추위'라고 불리는 찬

날씨가 나타나기도 하지만 차츰 온화한 봄 날씨가 지속된다. 봄에는 개나리, 진달래를 시작으로 벚꽃, 매화 등 아름다운 꽃이 피어나기 때문에 사람들이 꽃이 만개한 들과 산에서 '꽃놀이'를 즐긴다. 그러나 4~5월경에는 서쪽에서 발생하는 모래바람이 한반도로 이동하면서 하늘이 뿌옇게 되는 황사 현상이 나타나므로 호흡기 관리에 유념해야 한다.

여름은 6월부터 8월까지이다. 이 시기에는 계절 중 낮이 가장 길고 밤이 가장 짧다. 한여름이 시작되기 전 6월 하순에서 7월 중순까지는 장마 기간으로 연강수량의 절반 이상의 비가 이때 내린다. 한여름에는 보통 무더운 날씨가 지속되며, 폭염이나 잠들기 어려운 열대야가 나타나기도 한다. 또한 많은 비와 거센 바람을 동반한 태풍도 몇 차례 지나간다. 여름철에 학생들은 여름방학

> **알아두기**
>
> **꽃샘추위**
> 이른 봄, 꽃이 필 무렵의 추위.
>
> **황사**
> 중국 대륙의 사막이나 황토 지대에 있는 가는 모래가 강한 바람으로 인하여 날아올랐다가 점차 내려오는 현상. 봄·초여름에 우리나라에도 날아온다.
>
> **폭염**
> 매우 심한 더위.
>
> **열대야**
> 밤 밖의 온도가 25℃ 이상인 무더운 밤.
>
> **한**
> [접사]
> '한창인'의 뜻을 더하는 접두사.
> 예) 한여름, 한겨울

🔍 **새 단어**

중위도 | 온대성 | 거세다 | 온화하다 | 만개하다 | 경 | 뿌옇다 | 하순 | 중순 | 연강수량 | 지속되다

동안 학교를 쉬면서 더위를 피하고 회사원들은 휴가를 간다. 이때 사람들은 찌는 듯한 무더위를 피하기 위해 산과 바다로 피서를 간다.

가을은 9월부터 11월까지이다. 기온이 보통 10~25℃이며, 한낮에는 아직 무더위가 남아 있지만 아침, 저녁으로는 서늘하여 일교차가 큰 편이다. 가을에는 강수량이 줄고 공기 중의 습도가 낮아져 맑고 상쾌한 날씨가 계속된다. 그러나 건조한 날씨가 지속되기

때문에 산불 등에 조심해야 한다. 가을은 한 해 농사의 결과물을 수확하는 때이기도 하다. 가을에는 초록색이었던 나뭇잎의 빛깔이 빨간색, 노란색 등 아름다운 색으로 물들어 단풍이 멋있다. 특히 오대산, 내장산, 지리산 등이 아름다운 단풍을 볼 수 있는 명소로 꼽힌다.

알아두기

단풍 명소
- 오대산 – 강원 홍천군
- 내장산 – 전라북도 정읍시
- 지리산 – 경남 함양군

삼한사온(三寒四溫)
주로 동부아시아의 겨울철에 나타나는 날씨 주기의 특징이다.

겨울은 12월부터 이듬해 2월까지이다. 여름과 반대로 계절 중 낮이 가장 짧고 밤이 가장 길다. 겨울철에는 눈이 많이 내리고 찬 바람이 많이 분다. 한겨울에 온도가 갑자기 내려가면서 바람이 부는 아주 추운 날씨를 한파라고 한다. 한파가 물러가면 3일 동안 춥고 4일 동안 조금 덜 추운 날씨가 이어지는데 이를 삼한사온이라고 한다. 겨울에 학교에서는 겨울 방학을 하며, 눈이 오면 사람들은 눈사람을 만들거나 눈싸움을 한다. 겨울철에는 차고 건조한 공기로 인해 감기에 걸리기 쉬우므로 건강 관리에 신경을 써야 한다.

한국은 본래 4계절이 뚜렷한 기후 환경이었으나 최근 지구 온난화로 인해 점점 봄과 가을의 기간이 짧아지고 게릴라성 폭우가 잦은 아열대 기후로 바뀌고 있다.

새 단어

찌다 | 무더위 | 피서를 가다 | 서늘하다 | 일교차가 크다 | 습도 | 상쾌하다 | 결과물 | 수확하다
단풍 | 명소 | 꼽히다 | 이듬해 | 물러가다 | 신경을 쓰다 | 뚜렷하다 | 게릴라성 | 잦다

1. 다음의 어휘에 대한 설명으로 맞는 것을 연결하십시오.

1) 하순　●　　　　　　　　●　자주 있다.

2) 잦다　●　　　　　　　　●　어떤 범위나 순위 안에 들다.

3) 꼽히다　●　　　　　　　●　어떤 일이 일어난 바로 다음 해.

4) 이듬해　●　　　　　　　●　한 달 가운데 21일부터 마지막 날까지의 기간.

2. 이 글의 제목으로 가장 알맞은 것을 고르십시오. (　　　　　)

① 한국의 사계절과 날씨

② 환경오염과 계절의 변화

③ 계절을 뜻하는 다양한 어휘

④ 한국 사람들이 좋아하는 계절

3. 이 글에서 이야기하지 않은 것을 고르십시오. (　　　　　)

① 단풍이 아름다운 명소

② 겨울철 건강 관리 방법

③ 황사 현상이 생기는 기간

④ 휴가 기간에 사람들이 하는 일

4. 다음을 읽고 그 설명이 맞으면 O, 틀리면 X를 하십시오.

1) 꽃놀이는 꽃이 많이 피어 있는 장소로 놀러 가는 것이다. (　　　　　)

2) 한국에서는 장마 기간에 1년 강수량의 절반 이상의 비가 내린다. (　　　　　)

3) 한국 가을에는 한낮과 아침, 저녁의 기온 차가 크지 않은 편이다. (　　　　　)

4) 한파는 한겨울에 온도가 갑자기 내려간 아주 추운 날씨를 말한다. (　　　　　)

5. 이 글을 읽고 요약해서 써 보십시오.

봄	
여름	
가을	
겨울	

1. 다른 나라의 계절과 관련된 기상 현상에 대하여 조사하여 이야기해 보십시오.

백야(白夜)	스콜(squall)	토네이도(tornado)	오로라(aurora)

2. 내가 가장 좋아하는 계절과 그 계절에 내가 꼭 하는 일에 대해서 써 보십시오.

3. 위의 내용을 바탕으로 친구들과 함께 이야기해 보십시오.

온돌과 마루

한옥의 가장 큰 특징은 온돌과 마루가 있다는 것이다. 한국 사람들은 이 온돌과 마루 덕분에 한여름과 한겨울에 춥고 더운 날씨를 이겨 낼 수 있었다.

온돌은 찬 바람이 부는 추운 겨울을 지내기 위한 시설이다. 한옥의 방을 만들 때는 '아궁이'라는 구멍을 만드는데 여기에 나무로 불을 때면 반대쪽에 있는 굴뚝으로 연기가 빠져나가면서 방바닥 밑의 돌이 데워 진다. 또한 아궁이에 불을 때면 그 열기로 음식도 조리할 수 있다.

온돌이 겨울을 나기 위한 것이라면 마루는 습기가 많고 더운 여름의 열기를 식힐 수 있는 시설이다. 마루는 나무로 만든 바닥을 말하는데 오늘날의 거실과 같은 역할을 하였다. 대청은 마루 중에서도 집의 중심에 위치하며 가장 넓은 마루를 말한다. 더운 여름에는 이 대청의 앞뒤 문을 열어 맞바람을 이용하여 통풍이 잘 되도록 했다. 또한 마루는 땅에서 떨어지도록 공간을 띄우고 조금 높게 만들기 때문에 땅의 습기를 차단하고 아래쪽으로 흐르는 바람이 위로 올라와 시원하다.

이러한 한옥의 독창적이고 과학적인 난방, 냉방 시설은 현재에도 건물을 건설할 때 많이 활용하고 있다.

> **알아두기**
>
> **한옥의 구조**
>
> 한국의 지리는 위아래로 길쭉한 모양이다. 따라서 지역마다 기후가 다르며, 이에 맞춰 집의 구조도 달랐다. 북부 지방에서는 거센 바람을 막기 위해 집의 구조가 ㄷ자나 ㅁ자 모양이었다. 그러나 중부 지방에서는 주로 ㄱ자 모양, 남부 지방은 ㅡ자 모양으로 바람이 들어오는 양을 조절했다.

1. 이 글과 일치하는 것을 고르십시오. (   )

① 대청에는 뒷문을 만들지 않는다.

② 대청은 집의 중심에 위치해 있는 마루이다.

③ 한옥의 아궁이는 연기가 빠져나가는 구멍이다.

④ 한옥의 냉난방 시설은 현대 건물에서는 활용하기 어렵다.

2. 이 글을 읽고 빈칸에 알맞은 말을 쓰십시오.

한옥에는 (   )와/과 (   )(이)라는 (   )(이)고 독창적인 난방, 냉방 시설이 있다.

🔍 **새 단어**

구멍 | 때다 | 굴뚝 | 연기 | 빠져나가다 | 데우다 | 조리하다 | 습기 | 식히다 | 중심 | 맞바람
통풍 | 공간 | 띄우다 | 차단하다 | 독창적

계절에 따른 한복

한국은 사계절이 있고 계절마다 기후와 날씨가 다르기 때문에 예로부터 계절과 기후에 맞게 여러 종류의 한복을 만들어 입었다.

무더운 여름에는 모시와 삼베를 이용하여 옷을 지어 입었다. 모시와 삼베는 식물의 줄기를 이용하여 만든 천연 소재의 옷감으로, 바람이 잘 통하고 몸에 달라붙지 않아서 여름옷을 만들기에 좋다. 또한 여름철 한복은 양복처럼 몸에 꼭 맞게 만들지 않고 몸과 옷 사이에 여유 있게 통풍 공간을 두었다. 그 여유 공간이 통로가 되어 공기가 통하기 때문에 시원함이 느껴지고 땀이 식는다. 또 한여름 밤에는 대나무를 엮어서 바람이 잘 통하도록 만든 죽부인을 안고 잠을 잤다.

추운 겨울에는 추위를 이겨 내기 위해서 바람이 잘 들어오지 않는 옷감인 무명으로 한복을 만들어 입었다. 무명은 목화솜으로 만든 실로 삼베나 모시보다 올의 간격이 촘촘하여 바람이 잘 들어오지 않고, 질겨서 추위를 막는 데 도움이 되었다. 또한 겨울에는 따뜻한 옷감을 두 겹으로 하여 그 사이에 솜을 넣은 '누비옷'을 만들어 입었다.

> **알아두기**
>
> **현대의 한복**
>
> 현대에 와서는 평상시에는 한복을 입지 않지만 명절이나 결혼식 등 특별한 날에 입는다. 또한 최근에는 젊은 사람들 사이에서 인사동, 전주 한옥마을 등에 가서 한복을 빌려 입고 사진을 찍거나 고궁을 관람하는 것이 유행이 되고 있다. 활동하기 간편하고 실용적으로 만든 개량 한복도 인기를 끌고 있다.

1. 다음을 읽고 그 설명이 맞으면 O, 틀리면 X를 하십시오.

1) 여름 한복은 식물의 줄기로 이용한 소재로 만들었다. (   )

2) 누비옷은 옷감 안에 솜을 넣어 따뜻하게 만든 옷이다. (   )

3) 여름 한복은 여유 공간이 없도록 몸에 맞추어 만들었다. (   )

4) 겨울 한복을 만드는 목화솜은 삼베보다 질기지 않아서 약하다. (   )

2. 여러분 나라의 독특한 건축 양식이나 의복을 소개하는 글을 200-300자 내외로 써 보십시오.

3. 자신이 작성한 글을 발표해 보십시오.

🔍 **새 단어**

줄기 | 천연 | 달라붙다 | 여유 | 통풍 | 공간 | 통로 | 땀 | 식다 | 올 | 간격 | 촘촘하다
질기다 | 겹 | 솜

행정 구역은 국가를 관리하기 편리하도록 넓은 국토를 일정하게 나누어 놓은 것이다. 북한을 제외한 남한은 현재 1개의 특별시, 6개의 광역시, 8개의 도, 1개의 특별자치도, 1개의 특별자치시로 이루어져 있다. 특별시는 서울이고 6개의 광역시는 부산, 대구, 인천, 광주, 대전, 울산이다. 8개의 도는 경기도, 강원도, 충청남도, 충청북도, 경상남도, 경상북도, 전라남도, 전라북도이다. 1개의 특별자치도는 제주도이며, 특별자치시는 세종시이다.

'도'의 이름에는 재미있는 유래가 있다. 먼저, '경기도'의 '경기'는 서울 주변의 땅이라는 의미에서 비롯되었다. 왕의 궁궐에서 500리 이내를 경기라고 불렀고 자연스럽게 경기도라는 이름이 붙은 것이다. 다른 도의 이름은 그 도의 대표 고장 이름을 따서 지은 것이다. 강원도는 강릉과 원주에서 비롯되었고 경상도는 경주와 상주, 전라도는 전주와 나주, 충청도는 충주와 청주의 이름에서 딴 것이다.

경기도는 서울을 둘러싸고 있다. 정부는 서울로 몰려드는 사람들을 분산시키기 위해서 경기도에 여러 도시들을 만들었다. 그 결과 사람들은 서울과 가까운 경기도에 밀집해서 살기 시작했다. 경기도의 인구가 증가하다보니 이를 효율적으로 관리하기 위해서 남부와 북부로 나누어 관리하고 있다. 그래서 경기 남부는 수원시에 있는 경기도청에서, 경기 북부는 의정부시에 있는 경기도청 북부청사에서 여러 업무를 보고 있다. 하지만 경기도는 행정 업무만 나눌 뿐, 지역을 남부와 북부로 나누지 않는다. 왜냐하면 경기도는 다른 지역에 비해서 면적이 넓지 않기 때문이다. 반면에 경기도보다 땅이

넓은 충청도, 경상도, 전라도는 각각 지역을 남부와 북부로 분리하여 충청남도, 충청북도, 경상남도, 경상북도, 전라남도, 전라북도로 행정 구역을 나누고 있다.

🔍 **새 단어**

행정 구역 | 관리하다 | 편리하다 | 국토 | 일정하다 | 유래 | 주변 | 비롯되다 | 궁궐 | -리 | 이내
자연스럽다 | 고장 | 따다 | 효율적 | 경기도청 | 청사 | 행정업무 | 분리하다

시도별 인구수를 보면 1위는 경기도로 1,300만 명이 살고 있고 2위는 서울로 980만 명이, 3위는 부산으로 345만 명이 살고 있다. 서울특별시와 경기도를 함께 묶어서 수도권이라고 하는데 이 수도권에 한국 인구의 약 58%의 인구가 밀집되어 있다.

북한까지 포함한 대한민국의 총 면적은 223,433km²이다. 북한을 제외한 남한의 면적은 100,295km²이며, 이 면적은 전 세계 109위이다. 남한에서 시를 기준으로 했을 때 도시 면적이 제일 큰 곳은 안동이다. 다음으로 2위는 경주이고 3위는 상주이다. 서울특별시는 인구는 많지만 면적은 605.2km²로 38위에 해당한다.

알아두기

팔도강산

조선 시대에는 우리나라 전 지역을 8개의 도로 나누어 전국을 '팔도'라고 불렀다. 그래서 '팔도강산'이라는 말이 나왔다. 북한지역인 함경도, 평안도, 황해도와 남한지역인 경기도, 강원도, 충청도, 전라도, 경사도까지 모두 8개의 도로 나누었다. 제주도는 조선 시대에 전라도에 포함되어 있다가 대한민국이 세워진 후에 제주도로 독립하였다.

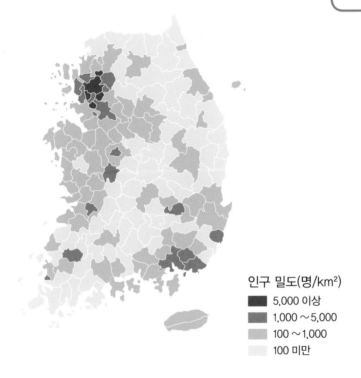

인구 밀도(명/km²)

■ 5,000 이상

■ 1,000 ～ 5,000

■ 100 ～ 1,000

□ 100 미만

🔍 **새 단어**

밀집되다 ㅣ 기준 ㅣ 해당하다

1. 다음의 어휘에 대한 설명으로 맞는 것을 연결하십시오.

1) 국토 •   • 한 나라의 땅.

2) 면적 •   • '넓이'와 같은 말.

3) 기준 •   • 기본이 되는 표준.

4) 고장 •   • 사람이 많이 사는 지방이나 지역.

2. 이 글의 제목으로 가장 알맞은 것을 고르십시오. (   )

① 지역별 이름의 유래

② 대한민국의 행정 구역

③ 행정 구역을 나눈 이유

④ 행정 구역에 따른 업무 변화

3. 이 글에서 이야기하지 않은 것을 고르십시오. (   )

① 대한민국의 면적

② 대한민국의 인구수

③ 대한민국 이름의 유래

④ 대한민국의 행정 구역

4. 다음을 읽고 그 설명이 맞으면 O, 틀리면 X를 하십시오.

1) 대한민국은 8개의 도를 가지고 있다. (   )

2) '도'의 이름은 지역명에서 유래되었다. (   )

3) 서울특별시의 인구는 대한민국에서 가장 많다. (   )

4) 대한민국에서 가장 넓은 면적의 도시는 서울이다. (   )

5. 이 글을 읽고 요약해서 써 보십시오.

1문단	
2문단	
3문단	
4문단	

1. 보기의 어휘의 의미를 찾아보고, 자국의 지형에 대해서 설명해 보십시오.

> – 백두대간 / 한반도
> – 해안 / 평야 / 하천 / 산지 / 분지 / 내륙 / 산간
> – 특별자치시 / 특별자치도 / 신도시 / 위성도시

2. 여러분 나라에도 수도권에 인구가 집중되어 있습니까? 다음 자료를 조사해 보십시오.

> 수도권의 인구 비중 / 수도권 인구의 비율이 높은(낮은) 이유

3. 위의 내용을 바탕으로 수도권의 인구 집중 상황이 나타난 이유에 대해서 친구들과 토의해 보십시오.

문경새재 이야기

문경새재는 충북 괴산군과 경북 문경시의 경계를 이루는 고개이다. 이곳은 영남지방에 살던 옛날 선비들이 장원급제를 꿈꾸며 과거를 보기 위해 지나던 길이었다. 영남지방에서 한양으로 가기 위해서는 문경새재 외에 추풍령과 죽령을 통해서도 갈 수도 있었다. 그렇지만 추풍령으로 가면 추풍낙엽처럼, 죽령으로 가면 대나무처럼 미끄러져서 시험에 떨어진다는 속설이 있었기 때문에 선비들은 문경새재를 이용했다. 또한 문경의 옛 이름인 문희(聞喜)가 '기쁜 소식을 듣게 된다.'라는 뜻이 있다는 점도 과거 급제라는 기쁜 소식을 바라는 선비들이 문경새재를 이용하는 이유였다. 그래서 영남은 물론 호남의 선비들까지 굳이 먼 길을 돌아서 이 문경새재를 통해 한양으로 가기도 했다. 이처럼 문경새재는 선비들이 많이 이용했기 때문에 '과거길'로도 불렸다.

이러한 속설과 믿음이 더해서 현재 과거길은 수능 기원길이 되었다. 문경새재가 합격길이라는 말을 듣고 수능 시험을 볼 자녀가 있는 가족들이 몰려들어 수능 대박을 기원한다.

> **알아두기**
>
> **장원급제**
> 과거는 현재의 공무원시험이다. 장원급제는 과거시험에서 1등을 하는 것이다. 장원급제를 하게 되면 아주 높은 자리까지 큰 어려움 없이 올라갈 수 있다.

1. 다음을 읽고 그 설명이 맞으면 O, 틀리면 X를 하십시오.

1) 영남에서 한양으로 가는 길은 문경새재뿐이었다. (   )

2) 문경의 옛 이름은 기쁜 소식을 듣는다는 의미가 있다. (   )

3) 문경새재를 넘으면 모든 사람들이 과거에 급제하였다. (   )

4) 현재 문경새재는 수능 시험을 잘 보도록 소원을 비는 곳이 되었다. (   )

2. 다음의 어휘를 사용하여 한 문장으로 만들어 보십시오.

> 문경새재는 (   )을/를 기원하는 학부모들이 (   )아/어/여서
> 수능을 보기 전이면 사람들로 북적인다.

🔍 **새 단어**

고개 ┃ 영남지방 ┃ 선비 ┃ 장원급제 ┃ 과거 ┃ 한양 ┃ 추풍낙엽 ┃ 속설 ┃ 호남 ┃ 굳이 ┃ 기원 ┃ 수능
자녀 ┃ 몰려들다

한국의 계절별 축제

한국에는 계절에 따라 여러 축제들이 있다. 봄에는 전국에서 벚꽃축제가 열린다. 벚꽃축제는 보통 벚꽃이 활짝 피는 4월에 열린다. 전국 최고의 벚꽃축제는 '진해 군항제'이다. 이 행사는 충무공 이순신 장군을 기리기 위한 것에서 시작하여 1960년대 이후 봄 축제로 발전했다. 여름의 대표적인 축제는 보령 머드축제이다. 해마다 여름이 되면 대천 해수욕장에서 진흙으로 다양한 체험을 즐길 수 있는 머드축제가 열린다. 보령의 머드는 마사지에도 사용될 정도로 부드럽고 좋은 흙이다. 따라서 머드축제는 외국 사람들에게도 인기가 있다. 가을에는 전국 국립공원과 여러 산에서 단풍 축제를 한다. 한국은 사계절이 있어서 가을이 되면 나무들이 단풍으로 물들게 된다. 사람들은 알록달록 물든 단풍을 구경하기 위해 산에 오른다. 겨울의 대표적인 축제는 바로 산천어 축제이다. 산천어 축제를 대표하는 인기 프로그램은 산천어 낚시이다. 산천어 낚시는 얼음낚시라고도 하는데 얼어붙은 강 위에서 동그랗게 구멍을 뚫어 산천어를 낚는 것이다. 얼음낚시는 한겨울 추위를 이길 정도로 즐거움을 준다. 그 외에도 썰매 타기, 맨손으로 산천어 잡기 등 여러 즐길거리가 있다.

> **알아두기**
>
> **한국에서 가장 오래된 축제**
> 한국에서 가장 오래된 축제는 남원 춘향제이다. 보통 4월 중순에 남원지역에서 열린다. 춘향선발대회, 다양한 공연, 체험 프로그램을 선보인다.
> 축제 기간 동안 열리는 전통 국악공연도 주요 볼거리 중 하나이고, '삽다리밟기'와 '소금배타기' 등의 여러 프로그램이 있다.

1. 다음을 읽고 그 설명이 맞으면 O, 틀리면 X를 하십시오.

　1) 벚꽃축제는 전국 여러 곳에서 열린다. (　　　　　)

　2) 사람들은 가을에 단풍을 보기 위해 등산을 많이 한다. (　　　　　)

　3) 산천어 축제는 낚시를 좋아하는 사람들을 위한 축제이다. (　　　　　)

　4) 머드축제는 한국 사람뿐만 아니라 외국 사람들에게도 인기가 많다. (　　　　　)

2. 여러분 나라의 유명한 축제에 대하여 200-300자 내외로 쓰십시오.

3. 자신이 작성한 글을 발표해 보십시오.

🔍 새 단어

전국 | 열리다 | 기리다 | 해마다 | 진흙 | 다양하다 | 체험 | 즐기다 | 마사지 | 물들다 | 알록달록
산천어 | 뚫다 | 낚다

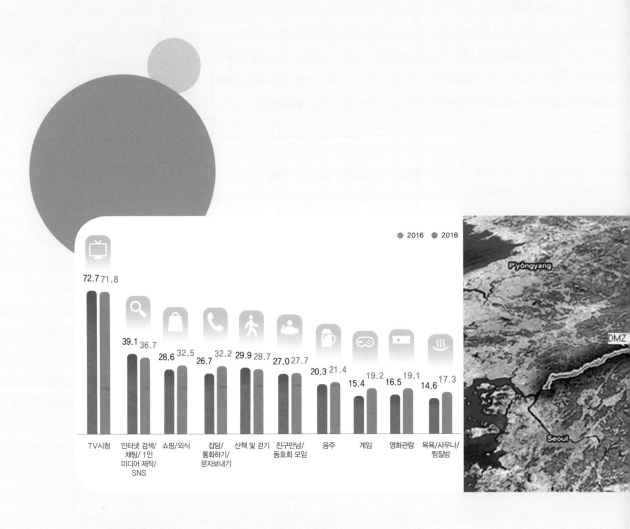

1. 여러분은 여가 시간에 보통 무엇을 합니까?
2. 한국이 남북으로 나뉘게 된 이유는 무엇입니까?

제VI장

사회

제 VI 장 사회

📝 알아보기 1

    워라밸에 대한 사회적 관심이 높아짐과 동시에 한국인의 생활 전반에도 큰 변화가 일어나고 있다. 회사에서는 주 52시간 근무제가 본격적으로 시행되었고 유연근로제와 재택근무도 확대되고 있다. 이렇게 회사에서 보내는 시간이 줄어듦에 따라 상대적으로 '여가'에 대한 관심이 많아졌다. 여가란 일하고 남은 시간에서 생리적 필수 시간을 제외한 순수한 자유 시간을 의미한다. 예전에는 여가를 단순히 '집에서 쉬는 것' 정도로만 생각했다면 요즘에는 퇴근후의 삶, 제2의 삶 등으로 여가에 대한 인식이 180도 달라졌다. 그래서 사람들은 여가 시간을 허투루 보내지 않고 평소 관심이 있던 것을 배우거나 자기계발을 하거나 여행을 하며 삶의 재충전을 하는 등 자신을 위한 활동으로 채워 나가고 있다.

    한국인의 여가에 대해 문화체육관광부가 실시한 조사 결과에 따르면 여가 시간이 꾸준히 늘고 있는데, 작년을 기준으로 평균 주 30시간 정도가 된다. 또한 여기 시간을 혼자서 보내는 사람이 가장 많은 것으로 조사되었다. 하지만 최근 들어 혼자 여가 시간을 보내는 비율이 점점 감소하고 있고, 가족과 함께 여가 시간을 보내는 사람들이 증가하고 있다. 한국인들이 선호하는 여가 활동으로는 TV 시청, 잡담, 쇼핑, 외식, 인터넷 검색, 1인 미디어 제작, 산책 등으로 나타났다.

알아두기

워라밸

(Work-Life Balance)
사회노동, 가사노동과 같은 사회생활과 휴식, 놀이 등 여가생활, 그리고 식사, 배설 등과 같은 기초생활의 균형.

주52시간제

주당 법정 근로시간을 52시간으로 단축한 제도

퍼플 컬러

보라색 작업복, 즉 근로시간과 장소를 탄력적으로 선택하는 근로자

여가시간을 누구와 함께? 단위:% ■2020년 ■2022년

혼자	59.8 / 54.3
가족	29.7 / 35.5
친구나 연인	8.8 / 8.4
동호회 회원	1 / 1.2
직장동료	0.8 / 0.6
기타	0 / 0.1

🔍 **새 단어**

생리적 | 순수하다 | 허투루 | 자기계발 | 잡담

중년층의 대표적인 여가 활동으로는 등산이 꼽힌다. 등산복이 중년층의 교복이라는 우스갯소리가 나올 정도로 중년들은 등산을 여가 활동으로 가장 선호하는 것으로 나타났다. 한국은 국토의 70%가 산이므로 어디를 가나 산이 많다. 또한 등산은 건강에도 좋고 여러 사람들과 함께 어울리기에도 좋은 활동이므로 주말이면 등산복 차림으로 등산을 하는 중년층이 많은 것이다.

중년층과 달리 10대 및 대학생들은 여가 시간이 여전히 부족한 것으로 조사되었다. 중고등학생들은 대학 입시 준비로 시간을 쪼개 쓰면서 학원과 사교육에 대부분의 시간을 쏟고 있기 때문이다. 따라서 통학 시간에 음악이나 동영상 감상, 게임, 온라인 쇼핑 등의 짧은 여가 시간을 보내는 것으로 나타났다. 대학생들도 취업 준비로 많은 시간을 여가에 할애할 수 없다. 따라서 틈틈이 모바일로 영상이나 웹툰을 보거나 SNS 메신저를 사용하는 등 주로 실내 여가 활동을 즐기는 것으로 나타났다.

최근 조사에서는 '홈트, 호캉스, OTT 시청' 등 제한된 공간에서 할 수 있는 여가 활동이 젊은 세대에서 인기있는 것으로 나타났다. 이러한 현상이 나타난 것은 젊은 세대를 중심으로 1인 가구가 늘어나고 개인의 여가 활동이 중요해지면서 집에서 혼자 노는 것, 혼자 노는 방법이 주목을 받기 시작했기 때문이다.

한국인이 하고 싶어하는 여가 활동에 대해서도 조사하였는데 관광을 하고 싶다는 대답이 제일 많았다. 관광 중에서도 해외여행을 선호하는 것으로 나타났고 이외 답변으로 스포츠, 공연 관람 등이 뒤를 이었다. 반면 여가 활동을 하지 못하는 이유에 대해서도 조사하였는데 가장 큰 이유로는 경제적 부담이라고 대답하였고 그다음으로는 직장 생활이나 학교생활로 인한 시간 부족이 원인으로 나타났다. 이외에도 체력, 건강 문제 등으로 여가 활동을 하지 못한다는 응답이 있었다.

알아두기

홈트
홈(home)과 운동을 의미하는 트레이닝(training)의 합성어로 집에서 운동을 하는 의미

호캉스
호텔+바캉스 호텔에서 휴식을 취함.

OTT (Over The Top)
티빙등 같이 인터넷을 통해 볼 수 있는 TV를 말함.

🔎 **새 단어**

중년층 | 우스갯소리 | 국토 | 어울리다 | 할애하다 | 제한되다 | 주목 | 선호하다

1. 다음의 어휘에 대한 설명으로 맞는 것을 연결하십시오.

1) 잡담   •
2) 순수하다   •
3) 국토   •
4) 할애하다   •

• 실속 없이 주고받는 말.
• 한 나라의 주권이 미치는 땅.
• 다른 것이 전혀 섞이지 않다.
• 귀중한 시간, 돈, 공간 등을 아까워하지 않고 선뜻 내어 주다.

2. 이 글의 제목으로 가장 알맞은 것을 고르십시오. (   )

① 한국인의 건강
② 한국인의 직장 생활
③ 한국의 사교육 현장
④ 한국인의 여가 생활 변화

3. 이 글에서 이야기하지 않은 것을 고르십시오. (   )

① 한국인의 여가 시간은 꾸준히 늘고 있다.
② 한국의 아저씨들은 여가 시간에 등산을 즐긴다.
③ 한국인들은 여가 시간에 주로 가족과 함께 시간을 보낸다.
④ 한국의 10대들은 대학생들과 마찬가지로 여가 시간이 부족하다.

4. 다음을 읽고 그 설명이 맞으면 O, 틀리면 X를 하십시오.

1) 한국인들은 주로 여가 시간에 TV를 가장 많이 본다. (   )
2) 한국은 지형적 특성으로 산이 많아서 등산하는 사람이 많다. (   )
3) 한국의 고등학생들은 입시 준비 때문에 여가 시간이 따로 없다고 한다. (   )
4) 한국 사람들은 앞으로 가장 하고 싶은 여가 활동으로 국내여행과 호캉스를 꼽았다. (   )

5. 이 글을 읽고 요약해서 써 보십시오.

1문단	
2문단	
3문단	
4문단	

심화 학습

1. 나의 여가 생활에 대하여 이야기해 보십시오.

2. 다음 여가 활동에 대하여 조사하여 이야기해 보십시오.

개인방송 동호회 활동 게임 중독 도박

한국의 종교

한국에 체류하는 외국인들은 한국 사람들이 다양한 종교를 가지고 있다는 것에 놀란다. 한국인들은 종교에 대해 비교적 유연한 태도를 보인다. 부처님 오신 날과 예수 탄생일인 크리스마스를 공휴일로 지정할 정도로 특정 종교가 지배적이지 않고 종교 활동을 존중해 준다. 따라서 종교로 인한 사회적 갈등은 거의 일어나지 않으며 한 가족 내에서도 서로 다른 종교를 갖고 있기도 하다.

한국의 종교 중에서 가장 오랜 역사를 갖고 있는 것은 무속신앙이다. 무속 일을 하는 사람을 '무당'이라고 부르며 이들이 하는 행사를 '굿'이라고 한다. 오늘날에는 무당의 수가 매우 많이 줄어서 굿을 보기 힘들어졌다. 그러나 여전히 많은 한국인들은 이사나 결혼 때 길일을 고르기 위해서 또는 선거나 입시를 앞두고 운세를 점치기 위해서 무속인을 찾는다. 대부분의 한국의 가정에서는 명절이나 기일에 음식을 차려 놓고 조상을 기리는 제사를 지내는데, 이는 무속과 불교, 유교의 관습이 결합된 한국 고유한 종교 행사라고 볼 수 있다.

통계청에서 한국인을 대상으로 종교의 유무에 대해 조사한 결과 따르면 무교라고 응답한 사람들은 56.1%이며, 종교가 있다고 응답한 사람들은 43.9%였다. 종교가 있다고 한 응답자들 중에서 무슨 종교를 믿느냐고 질문한 결과 기독교(개신교)는 19.7%, 불교는 15.53%, 천주교는 7.93% 순으로 나타났다.

> **알아두기**
>
> **명사 + 철**
> 어떤 일이 일어나는 때 또는 어떤 일을 하기 좋은 시기
> • 장마철 • 휴가철
> • 이사철 • 입시철
> • 제철*
> **길일**
> 복되고 운 좋은 일이 있을 가능성이 많은 날

1. 이 글과 일치하는 것을 고르십시오. (   )

① 한국인은 60% 이상이 종교를 가지고 있다.
② 한국은 종교에 대해서 비교적 관대한 편이다.
③ 최근에는 불교를 믿는 사람이 가장 많아지고 있다.
④ 한국에서 교회를 다니는 사람들이 전체 50%가 넘는다.

2. 다음의 어휘를 사용하여 한 문장으로 만들어 보십시오.

한국은 (   ) 활동이 다른 나라에 비해서 (   )(으)ㄴ/는 편이라서 종교적인 상황에서의 (   )은/는 거의 없는 편이다.

🔎 **새 단어**

유연하다 ㅣ 공휴일 ㅣ 지정하다 ㅣ 지배적 ㅣ 갈등 ㅣ 무속신앙 ㅣ 여전히 ㅣ 기일 ㅣ 조상을 기리다 ㅣ 불교
유교 ㅣ 결합되다 ㅣ 고유하다 ㅣ 무교 ㅣ 기독교 ㅣ 불교 ㅣ 천주교

한국인과 술

한국 사람들은 기쁠 때도 슬플 때도 술을 마신다. 대학의 신입생 환영회나 **종강** 파티, 직장 회식 등 사람들이 많이 모이는 자리에는 술이 **빠지지** 않는다. 일주일에 6일 이상 술을 마시는 애주가도 많다. 왜 이렇게 한국 사람들은 술을 자주 마시는 것일까? 한국 사람들이 술을 자주 마시는 이유는 '더 나은 인간관계를 위해서'이다. 한국인들은 술이 좀 **취했을** 때 좀 더 **솔직하고** 깊이 있게 다른 사람과 대화가 더 잘 이루어진다고 생각한다.

이러한 한국인의 **음주** 습관 중에 **흥미로운** 점은 장소를 옮겨가면서 술을 마시는 것이다. 1**차**로 시작해서 보통 2차와 3차까지 새로운 곳으로 장소를 옮겨 다니며 술을 마신다. 장소가 바뀔 때마다 사람들은 점점 취해 간다. 그리고 점차 사람들이 나누는 대화의 내용과 성격도 달라진다. 형식적인 이야기가 아니라 자신의 마음속에 있는 깊은 이야기를 꺼내는 것이다. 또한 술을 마시다가 노래방에도 간다. 물론 노래방에서도 술자리는 계속되며 이처럼 술과 노래, 춤을 즐기는 것을 '음주가무(飮酒歌舞)'라 말한다. 이처럼 2차, 3차까지 술을 과하게 마시는 것을 '달린다'라고 하는데 이런 날은 '**필름**'이 끊길 수도 있으니 특히 조심해야 한다.

알아두기

필름이 끊기다
정신이나 기억을 잃다.

달리다
일에 열중하거나 밤새 술을 마시고 놀다.
예) 밤새 **달려** 보자.

음주가무 (飮酒歌舞)
술을 마시고 노래를 부르면서 춤을 추는 일.

1. 다음을 읽고 그 설명이 맞으면 O, 틀리면 X를 하십시오.

   1) 한국인들은 음주가무를 즐긴다. (   )
   2) 한국인들은 보통 음주 전에 노래방에 간다. (   )
   3) 술을 마실 때 여러 장소로 이동하면서 마신다. (   )
   4) 한국인들은 술을 마시면 거짓말을 안 한다고 믿는다. (   )

2. 한국의 음주 문화와 여러분 나라의 음주 문화를 비교하는 글을 200-300자 내외로 써 보십시오.

3. 자신이 작성한 글을 발표해 보십시오.

🔎 **새 단어**

종강 | 빠지다 | 취하다 | 솔직하다 | 음주 | 흥미롭다 | -차 | 필름

1945년 8월 15일 한국은 제2차 세계대전에서 패배한 일본의 항복 선언으로 인해 독립을 맞이했다. 기다리던 독립이었지만 독립 이후 상황에 대해 준비가 되어 있지 않았던 한반도는 혼란에 휩싸이게 되었다. 급박하게 이루어진 독립으로 사람들은 각자 자신의 이데올로기를 바탕으로 나라를 다시 세우기를 원했고 자신과 생각이 다른 사람들은 적이 되었다. '조국의 독립'이라는 하나의 목표를 향해 왔던 사람들이 독립 후에 서로를 적이라고 생각하는 아이러니한 상황이 나타난 것이다.

혼란이 계속되자 미국과 소련은 한반도의 혼란을 막는다는 핑계로 각자 자신의 이데올로기를 바탕으로 자신들의 군대를 한반도에 주둔시켰다. 그리하여 북위 38도선을 경계로 남쪽에는 미군이, 북쪽에는 소련군이 각각 주둔하였다.

한편, 미국과 영국, 소련의 대표들이 모스크바에 모여 한반도에 임시정부를 만들고 정부가 다시 만들어지기 전까지 최대 5년간 자신들이 직접 한반도의 문제를 해결할 것을 결정하였다. 그러나 문제 해결은 커녕 자신들의 이데올로기를 내세워 서로의 주장만을 고집하였다. 그래서 한국은 문제 해결을 위해 국제연합에 도움을 청했고 국제연합은 남북한 총 선거를 실시해 한반도의 문제를 한반도 사람들이 스스로 선택하도록 하였다. 하지만 북한이 이 선거를 거부하여 결국 남한에서만 선거를 실시하였다. 그 결과 이승만을 초대 대통령으로 선출했고 1948년 8월 15일에 대한민국 정부가 만들어졌다. 그 이후 북한에서는 김일성이 조선민주주의인민공화국을 만들어 한반도에 두 개의 정부가 만들어졌다.

> **알아두기**
>
> **북한**
> 정식 이름은 '조선민주주의인민공화국'이다.
> **남한**
> 정식 이름은 '대한민국'이다.

🔍 **새 단어**

제2차 세계대전 | 패배하다 | 항복 선언 | 독립 | 맞이하다 | 한반도 | 혼란 | 휩싸이다 | 이데올로기 | 적 | 아이러니 | 핑계 | 주둔시키다 | 임시정부 | 고집하다 | 국제연합 | 도움을 청하다 | 선거 | 초대 | 선출 | 정부

이후 잠시 갈등이 잦아드는 것 같았으나 1950년 6월 25일 새벽 4시에 북한군은 남한을 향해 갑작스러운 공격을 시작하였다. 무력으로 남과 북을 통일시키려는 의도였다. 미처 전쟁에 대비하지 못하고 갑작스러운 공격을 받은 남한군은 단 3일 만에 수도인 서울을 빼앗기고 말았다.

이후 국제연합이 북한에 전쟁을 그만둘 것을 요구하였지만, 북한이 이를 거부하였다. 결국 미국을 중심으로 16개국이 참여한 국제연합군이 전쟁에 참여하였다. 또한 한반도가 민주주의로 통일될 것을 염려한 중국까지 한국 전쟁에 개입하면서 3년 동안이나 전쟁이 지속되었다. 마침내 1953년 7월 27일 전쟁으로 인해 심각한 피해를 입은 남과 북이 휴전을 결정했고, 국토를 나누어 휴전선을 설정하게 되면서 현재처럼 한반도가 남북한으로 갈리게 되었다.

한국 전쟁은 큰 인적 피해와 물적 피해를 낳았고, 같은 민족끼리 서로 총과 칼을 겨누었다는 사실로 말미암아 모두의 가슴에 커다란 상처를 남겼다.

알아두기

6.25 전쟁
1950년 6월 25일 새벽에 북한 군이 남북군사분계선(38선)에 불법 침입하면서 일어난 전쟁.

38선
1945년 8월 15일 한국이 일제의 굴레에서 해방된 직후부터 1953년 7월 27일 6·25전쟁으로 인한 휴전이 성립될 때까지, 남한과 북한과의 정치적 경계선이 되었다.

🔍**새 단어**

무력 | 요구하다 | 거부하다 | 염려하다 | 개입하다 | 지속되다 | 설정하다 | 갈리다 | 인적 | 피해
물적 | 민족 | 겨누다 | 말미암다 | 상처

1. 다음의 어휘에 대한 설명으로 맞는 것을 연결하십시오.

1) 독립   ●   ●   한 사회 집단의 사상.

2) 휴전   ●   ●   전쟁을 잠시 멈추는 것.

3) 염려하다   ●   ●   앞일에 대해 마음을 써서 걱정하다.

4) 이데올로기 ●   ●   다른 곳에 속해 있지 않거나 의존하지 않음.

2. 이 글의 제목으로 가장 알맞은 것을 고르십시오. (   )

① 독립운동의 의의

② 한국 전쟁의 과정

③ 남북 분단의 역사

④ 한반도의 어제와 오늘

3. 이 글에서 이야기하고 있지 않은 것을 고르십시오. (   )

① 일본의 항복 이유

② 한국 전쟁의 이유

③ 대한민국 정부 수립 날짜

④ 독립을 위한 독립 운동가들의 노력

4. 다음을 읽고 그 설명이 맞으면 O, 틀리면 X를 하십시오.

1) 한반도는 전쟁이 완전히 끝났다. (   )

2) 한국의 초대 대통령은 이승만이다. (   )

3) 북한은 사회주의로 통일하기 위해 전쟁을 시작하였다. (   )

4) 조선의 독립 후 미국과 소련의 군인들이 한국에 들어왔다. (   )

5. 이 글을 읽고 요약해서 써 보십시오.

1문단	
2문단	
3문단	
4문단	
5문단	

심화 학습

1. 보기의 어휘의 의미를 찾아보고, 자국의 역사적인 사건을 조사해 보십시오.

전쟁	독립	건국	시민운동

2. 현재 세계에서 전쟁 중이거나 휴전 중인 나라에 대해서 찾아보고 써 보십시오.

3. 1번 문항과 2번 문항을 바탕으로 친구들과 자유롭게 이야기해 보십시오.

나의 DMZ 여행

나는 방학을 맞이하여 가족들과 고성 통일전망대에 다녀왔다. 통일전망대에 들어가기에 앞서 출입신고소에서 출입 신청서를 작성해야 했다. 출입 신청서만 쓰면 되는 줄 알았는데 통일전망대 가는 길 중간에 검문소에서 다시 출입 신청서를 방문 출입증으로 교환해야 전망대에 오를 수 있었다.

우리 가족은 해설사의 설명을 들으면서 다른 관광객들과 함께 다녔다. 통일전망대에서 잠깐 구경을 한 후 고성 DMZ 평화의 길로 들어갔다. 주변을 둘러보니 사람들의 얼굴은 기대에 차 있었다. 나도 사람들의 손길이 닿지 않는 DMZ에 들어간다는 사실에 가슴이 두근거렸다.

우리는 '고성 DMZ 평화의 길' 코스A를 따라갔다. 이 길은 통일전망대에서 해안 철책을 따라 금강통문까지는 걸어서 2.7km를 가고, 그 이후 차를 타고 금강산 전망대에서 북한을 좀 더 가까이 살펴본 후 다시 통일전망대로 돌아오는 코스였다. 금강통문까지 걸어가는 동안 3곳의 포토존이 있었는데 촬영은 이곳에서만 할 수 있었다. 중간에 본 소원나무에는 평화를 바라는 글과 가족의 건강과 행복을 원하는 글이 가득했다. 금강통문에 도착한 후 우리는 차를 이용해 금강산 전망대로 향했다. 그곳에서는 남북이 함께 철거한 GP의 모습도 볼 수 있었고 여러 가지 신기한 모양의 돌로 이루어진 금강산과 해금강도 선명하게 볼 수 있었다.

어느덧 해가 지기 시작해서 우리는 DMZ를 뒤로 하고 집으로 돌아왔다. 그동안 분단의 역사를 책에서만 접했는데 이번에 분단의 현장인 DMZ를 직접 보니 속상한 마음이 들었다. 빨리 통일이 되어 남북을 다시 자유롭게 오고 갈 수 있었으면 좋겠다.

> **알아두기**
>
> **DMZ란?**
>
> DMZ는 Demilitarized Zone의 약자이다. 1953년 휴전 이후 남한과 북한에서 지켜온 비무장지대이다. 이곳은 40여년간 출입통제구역이었기 때문에 자연상태가 잘 보존되어 있어 자연생태계 연구의 대상이 되기도 한다.
>
> 현재 DMZ 평화누리길은 8개로 김포 누리길, 파주 누리길, 연천 누리길, 철원 누리길, 화천 누리길, 양구 누리길, 고성 누리길, 인제 누리길이 있다.

🔍 **새 단어**

맞이하다 | 출입 신청서 | 검문소 | 방문 출입증 | 해설사 | 주변 | 둘러보다 | 기대에 차다 | 손길이 닿다
두근거리다 | 철책 | 철거하다 | 신기하다 | 분단 | 접하다 | 자유롭다

1. 이 글과 일치하는 것을 고르십시오. (　　　　　)

　① 평화의 길은 차를 이용해서만 다닐 수 있다.

　② DMZ안에서는 자유롭게 사진을 찍을 수 있다.

　③ 금강산 전망대를 통해 금강산을 직접 가 볼 수 있다.

　④ 출입신고소에서 반드시 신청서를 작성하고 들어가야 한다.

2. 다음의 어휘를 사용하여 한 문장으로 만들어 보십시오.

통일이 된다면 (　　　　) 사람들이 서로의 지역을 (　　　　)게 오고갈 수 있을 것이다.

통일에 대한 국민의 생각

작년 7월 문화체육관광부에서 한국인들 대상으로 통일에 대한 인식을 조사하였다. 먼저 북한과 남한이 하나의 민족이라고 생각하는지에 대한 질문에 83.6%의 사람들이 그렇다고 답하였다. 하지만 북한을 어떻게 생각하는지를 묻는 문항에서는 78.4%의 사람이 안전을 위협하는 대상이라고 답하였으며, 70.2%의 사람들은 북한이 경계 대상이라고 하였다. 그밖에 북한이 남한과 협력의 대상이 될 수 있느냐는 질문에는 77.6%의 사람들이 그렇다고 답하였고, 76.3%의 사람들이 북한과 통일하기를 원한다고 대답하였다. 이를 통해 한국인들은 북한에 대해 친밀감과 불안감을 모두 느끼고 있음을 알 수 있었다.

다음으로 통일에 대한 생각을 물었다. 통일을 했을 때 우리의 이익이 클 것인가 적을 것인가를 질문했는데, 클 것이라는 대답이 64.6%로 우세했다. 또한 과반수가 넘는 79.6%가 장기적으로 보았을 때 남북통일이 가능할 것이라고 답했다. 통일 방식에 대해서는 점진적인 통일이 62.9%로 큰 비중을 차지하였다.

> **알아두기**
>
> **세계 여러 나라의 분단국가**
>
> 한반도가 유일한 분단국가라고 하는 사람들도 있지만 그렇지 않다.
> 세계 곳곳에 분단국가가 존재한다.
> 수단이 북부의 수단 공화국과 남부의 남수단 공화국으로 분리되어 있다.
> 그리고 지중해의 '키프로스 공화국'또한 남북이 대립중인 분단국이다.

1. 다음을 읽고 그 설명이 맞으면 O, 틀리면 X를 하십시오.

1) 사람들은 북한에 대해 상반된 감정을 모두 가지고 있다. (   )
2) 소수의 사람들만 북한을 위협적인 존재로 생각하고 있다. (   )
3) 대부분의 사람들이 북한과 우리가 같은 민족이라고 생각한다. (   )
4) 많은 사람들이 오랜 시간이 지난 후에는 통일이 될 것이라고 생각한다. (   )

2. 한국이 북한과 통일을 하게 된다면 어떠한 장점과 단점이 있을지 자신의 생각을 200–300자 내외로 써 보십시오.

3. 자신이 작성한 글을 발표해 보십시오.

🔍 **새 단어**

문화체육관광부 | 인식 | 민족 | 위협하다 | 경계 | 협력 | 친밀감 | 불안감 | 우세하다 | 장기적
점진적 | 비중

제 I 장 교육

11쪽 **알아보기 1**

1. 1) 적성   등급이나 정도가 같다.

   2) 이듬해   어떤 일이 일어난 바로 다음 해.

   3) 선발하다   어떤 일에 알맞은 성질이나 소질.

   4) 동등하다   여러 개나 여러 명 중에서 골라 뽑다.

2. (①)

3. (③)

4.

의무 교육	비의무 교육
초등학교, 중학교	고등학교, 대학교, 대학원

14쪽 **바로 읽기 1**

1. 1) O   2) O   3) O   4) X

2. 원활한 대학 생활을 위해 (교수님), (선배), 친구들과 (인간관계)을/를 잘 만들어 가야 한다.

15쪽 **바로읽기 2**

1. (②)

알아보기 2

1. 1) 교류　　●　　　　　　　　●　물어서 의논함.

　　2) 자극　　●　　　　　　　　●　문화나 서로의 생각을 주고받음.

　　3) 의무적　●　　　　　　　　●　마음에 상관없이 꼭 해야 하는 것.

　　4) 문의　　●　　　　　　　　●　어떠한 작용을 줘서 반응이 일어나게 함.

2. (④)

3. (④)

4. 1) X　2) O　3) X　4) O

바로읽기 3

1. (②)

2. (심심했던)았/었/였던 나의 한국 생활이 동아리에 (가입한)(으)ㄴ 후에 아주 재미있어졌다.

바로읽기 4

1. 1) X　2) X　3) O　4) X

28쪽 알아보기 1

1. 1) 과학적   •   • 소리를 흉내 낸 단어.

    2) 의성어   •   • 문자로 언어를 표시하다.

    3) 표기하다 •   • 어떤 것과 비교하여 똑같다.

    4) 동일하다 •   • 정확성이나 타당성이 있는 것.

2. (③)

3. (②)

4. 1) O 2) X 3) X 4) X

31쪽 바로읽기 1

1. (②)

2. 2008년 상주에서 해례본으로 (추정되는)(으)ㄴ/는 책을 (발견했지만)았/었/였지만 소유자가 책 공개를 (거부하고 있다/거부했다).

32쪽 바로읽기 2

1. 1) O 2) X 3) X 4) X

알아보기 2

1. 1) 예전 ●┄┄┄┄┄┄┄● 꽤 오래 지난 옛날.

 2) 끼니 ● ● 남의 일에 참견하다.

 3) 간섭하다 ● ● 내용을 이해하고 설명하다.

 4) 해석하다 ● ● 매일 일정한 시간에 식사로 음식을 먹음.
 또는 그런 음식.

2. (①)

3. (④)

4. 1) ○ 2) ✕ 3) ✕ 4) ○

바로읽기 3

1. (②)

2. (줄임말)의 사용으로 인해 나이 든 세대와 젊은 세대 간의 (세대 차이)이/가 심각해지고 있다.

바로읽기 4

1. 1) ✕ 2) ○ 3) ○ 4) ○

44쪽 알아보기 1

1.

1) 단단하다 •   • 곡식이나 채소 등을 심고 기르고 거두는 일.
2) 소원 •   • 어떤 일이 이루어지기를 바람. 또는 그런 일.
3) 마찬가지 •   • 둘 이상의 사물의 모양이나 일의 형편이 서로 같음.
4) 농사 •   • 사물이 어떤 힘에 의해 모양이 변하지 않을
                정도로 딱딱하다.

2. (①)

3. (②)

4. 1) O 2) X 3) O 4) X

47쪽 바로읽기 1

1. (④)

2. 한국에서 돼지를 (긍정적)(으)로 생각하기도 하고 (부정적)(으)로 생각하기도 하는 등 이미지가 (혼재)되어 있다.

48쪽 바로읽기 2

1. 1) O 2) O 3) X 4) X

51쪽 알아보기 2

1. 1) 의무	오래 삶.
2) 친지	마땅히 해야 할 일.
3) 정성껏	서로 친하여 가깝게 지내는 사람.
4) 장수	성실한 마음으로 온갖 힘을 다하여.

2. (③)

3. (②)

4. 1) X 2) O 3) X 4) O

54쪽 바로읽기 3

1. 1) X 2) X 3) O 4) O

2. 한국 나이는 아이가 (태어나면)(으)면, 나이를 1살로 하고 (새해 첫날)에 한 살씩을 더 하여 계산하는 것이다.

55쪽 바로읽기 4

1. (①)

60쪽 알아보기 1

1. 1) 김장 ●   ● 빼놓지 않고 이것저것 모두.

   2) 골고루 ●   ● 어떤 일을 하지 않거나 피하다.

   3) 천차만별 ●   ● 여러 가지 사물이 모두 차이가 있고 구별이 있다.

   4) 금기하다 ●   ● 겨울 동안 먹을 김치를 늦가을에 한꺼번에
                    많이 만드는 일, 또는 그렇게 만든 김치.

2. (②)

3. (①)

4. 1) O   2) O   3) O   4) X

63쪽 바로읽기 1

1. (②)

2. 한국 사람들은 이열치열을 즐기며 (무더운)(으)ㄴ/는 날씨를 (극복)하기 위해 삼계탕을 먹는다.

64쪽 바로읽기 2

1. 1) O   2) O   3) O   4) X

1. 1) 편의 ●————————● 급한 상황에 대처함.

2) 응급 ●————————● 형편이나 조건 등이 편하고 좋음.

3) 연장하다 ●·······················● 길이나 시간, 거리 등을 길게 늘리다.

4) 제한하다 ●·······················● 일정한 정도나 범위를 정하거나,
그 정도나 범위를 넘지 못하게 막다.

2. (②)

3. (②)

4. 1) ○   2) ○   3) ○   4) X

70쪽 바로읽기 3

1. (③)

2. 한국에서는 (교통카드)을/를 사용하면 대중교통을 갈아탈 때 요금을 (할인해)아/어/여
준다.

71쪽 바로읽기 4

1. 1) ○   2) X   3) X   4) X

알아보기 1

1. 1) 하순 ●   ● 자주 있다.

   2) 잦다 ●   ● 어떤 범위나 순위 안에 들다.

   3) 꼽히다 ●   ● 어떤 일이 일어난 바로 다음 해.

   4) 이듬해 ●   ● 한 달 가운데 21일부터 마지막 날까지의 기간.

2. (①)

3. (②)

4. 1) O   2) O   3) X   4) O

바로읽기 1

1. (②)

2. 한옥에는 (온돌)와/과 (마루) (이)라는 (과학적)(이)고 독창적인 난방, 냉방 시설이 있다.

바로읽기 2

1. 1) O   2) O   3) X   4) X

알아보기 2

1. 1) 국토   ●━━━━━━━━━●   한 나라의 땅.

   2) 면적   ●━━━━━━━━━●   '넓이'와 같은 말.

   3) 기준   ●━━━━━━━━━●   기본이 되는 표준.

   4) 고장   ●━━━━━━━━━●   사람이 많이 사는 지방이나 지역.

2. (②)

3. (③)

4. 1) O   2) O   3) X   4) X

바로읽기 3

1. 1) X   2) O   3) X   4) O

2. 문경새재는 (합격)을/를 기원하는 학부모들이 (몰려들어서)아/어/여서 수능을 보기 전 이면 사람들로 북적인다.

바로읽기 4

1. 1) O   2) O   3) X   4) O

제Ⅵ장 사회

알아보기 1

1. 1) 잡담 ●┄┄┄┄┄┄┄┄● 실속 없이 주고받는 말.

   2) 순수하다 ●┄┄┄┄┄┄┄┄● 한 나라의 주권이 미치는 땅.

   3) 국토 ●┄┄┄┄┄┄┄┄● 다른 것이 전혀 섞이지 않다.

   4) 할애하다 ●┄┄┄┄┄┄┄┄● 귀중한 시간, 돈, 공간 등을 아까워하지

   않고 선뜻 내어 주다.

2. (④)

3. (②)

4. 1) ○ 2) ○ 3) ○ 4) ✕

바로읽기 1

1. (②)

2. 한국은 (종교) 활동이 다른 나라에 비해서 (유연한)(으)ㄴ/는 편이라서 종교적인 상황
에서의 (갈등)은/는 거의 없는 편이다.

바로읽기 2

1. 1) ○ 2) ✕ 3) ○ 4) ○

96쪽 알아보기 2

1. 1) 독립   한 사회 집단의 사상.

    2) 휴전   전쟁을 잠시 멈추는 것.

    3) 염려하다   앞일에 대해 마음을 써서 걱정하다.

    4) 이데올로기   다른 곳에 속해 있지 않거나 의존하지 않음.

2. (③)

3. (④)

4. 1) X 2) O 3) O 4) O

101쪽 바로읽기 3

1. (④)

2. 통일이 된다면 (남북) 사람들이 서로의 지역을 (자유롭게)게 오고갈 수 있을 것이다.

103쪽 바로읽기 4

1. 1) O   2) X   3) O   4) O